高等教育学研究丛书

U0890665

大学生职业规划与就业指导：理论与实践

张 涛 左 娟 著

河南大学出版社
HENAN UNIVERSITY PRESS
·郑州·

图书在版编目(CIP)数据

大学生职业规划与就业指导 ：理论与实践 / 张涛，左娟著. -- 郑州 ：河南大学出版社，2024. 9. -- ISBN 978-7-5649-6081-0

Ⅰ. G647.38

中国国家版本馆 CIP 数据核字第 2024B86V64 号

大学生职业规划与就业指导：理论与实践

DAXUESHENG ZHIYE GUIHUA YU JIUYE ZHIDAO：LILUN YU SHIJIAN

责任编辑 屈琳玉
责任校对 陈　巧
封面设计 张田田

出版发行 河南大学出版社
地址：郑州市郑东新区商务外环中华大厦 2401 号　邮编：450046
电话：0371-86059715（高等教育与职业教育分公司）
0371-86059701（营销部）
网址：hupress. henu. edu. cn

排　　版 梁　培
印　　刷 广东虎彩云印刷有限公司
版　　次 2024 年 9 月第 1 版　　**印　　次** 2024 年 9 月第 1 次印刷
开　　本 710 mm×1010 mm　1/16　　**印　　张** 7.75
字　　数 134 千字　　**定　　价** 45.00 元

前　言

随着高等教育的普及和就业市场的日益复杂化，大学生职业规划与就业指导的重要性日益凸显。对于即将步入社会的大学生而言，明确的职业规划和有效的就业指导是他们顺利就业、实现职业发展的重要保障。在当前社会快速变革的背景下，大学生职业规划与就业指导的理论与实践面临着新的机遇和挑战。

职业规划是一个系统、科学的过程，它要求大学生在了解自己的兴趣、能力、价值观等内在特质的基础上，结合外部环境因素，制定出符合个人发展目标的职业路径。就业指导则是为了帮助大学生更好地认识自我、了解就业市场、掌握求职技巧，从而顺利实现从学校到职场的转变。通过科学、合理的职业规划，大学生可以更好地了解自己的兴趣、能力和优势，从而有针对性地提升自我，为未来的职业生涯奠定坚实基础。因此，对大学生进行系统的职业规划与就业指导，已成为高校教育工作中的一项重要任务。

本书从大学生职业规划基础理论入手，分析了大学生职业规划的步骤与策略，然后在概述大学生就业指导的基础上，对大学生就业准备与求职策略展开论述，最后对大学生创业规划与实践进行了深入探讨。希望通过本书的介绍，能够为读者提供大学生职业规划与就业指导方面的帮助。

在写作过程中，笔者参阅了相关文献资料，在此，谨向其作者深表谢忱。

由于水平有限，疏漏和缺点在所难免，希望得到广大读者的批评指正，并衷心希望同行不吝赐教。

张　涛　左　娟

2024 年 6 月

目　录

第一章　大学生职业规划基础理论

第一节　大学生职业规划的基本概念

一、大学生职业规划的概念及意义

(一)职业规划的概念

职业规划是个人在职业生涯发展过程中,为实现自身职业理想和目标而制订的行动方案。它是一个动态、持续的过程,涉及个人职业发展的方方面面。从内涵上看,职业规划具有目标导向、过程导向和能力导向等特征。

职业规划是以个人职业目标为导向的。每个人都有自己的职业理想和抱负,职业规划就是要明确这些目标,并为之制订切实可行的行动计划。这些目标可以是短期的,如完成某项工作任务、获得晋升机会等;也可以是长期的,如在某个领域成为专家、实现职业转换等。明确的职业目标是职业规划的基础和前提,没有目标,职业规划就失去了方向。

职业规划是一个系统化、连续性的过程。它需要在职业生涯的不同阶段不断推进、调整和完善。这个过程涉及自我认知、环境分析、目标设定、行动实施、评估反馈等多个环节,每个环节都需要投入时间和精力。同时,职业规划需要根据个人发展和外部环境的变化进行动态调整。

职业规划是以提升个人职业能力为导向的。职业能力是个人完成工作任务、实现职业目标的基础。它包括专业知识、实践技能、社交能力、情绪管理等多个维度。职业规划的一个重要任务,就是要明确当前能力水平和未来发展需求之间的差距,并采取有效措施加以弥合。这可能涉及继续教育、在职培训、项目实践等多种途径。

(二)职业规划的意义

职业规划对个人职业发展和生涯满意度具有深远影响。通过系统、科学的职业规划,个人能够明确自己的职业方向,设定清晰的职业目标,并采取切实可行的行动策略,最终实现职业理想和人生价值。

1. 对于个人职业发展

职业规划能够帮助个人全面认识自我,了解自己的兴趣、能力、价值观等,在此基础上选择匹配度高的职业方向。这不仅能够激发个人的工作热情和动力,更能够促使其在职业道路上不断成长、提升,最终达到事业的顶峰。

职业规划能够引导个人建立正确的职业价值观,树立远大的职业理想。在职业规划过程中,个人需要深入思考自己的人生追求和社会责任,将个人发展与国家、社会的需要相结合,形成“立己达人、服务社会”的职业价值取向。这种高远的职业理想不仅能够为个人的职业奋斗提供持久动力,更能够促使其在实现自身价值的同时,为国家、社会的发展贡献智慧和力量。

2. 对于职业生涯满意度

科学的职业规划是个人获得职业幸福感和职业生涯满意度的关键。通过职业规划,个人能够准确把握职业发展方向,制定切实可行的奋斗目标,并在目标的指引下不断进取、开拓。当个人在职业道路上取得阶段性成就时,就会获得极大的成就感和满足感。职业规划过程中的自我探索、人生思考,也能够帮助个人形成积极的人生态度和价值追求,从而获得内心的平静与快乐。

二、大学生职业规划与职业发展的关系

(一)职业规划与职业发展的相互作用

职业规划与职业发展是一个动态互动的过程,二者相互影响、相互促进。科

学合理的职业规划是实现职业发展目标的基础和前提。通过分析自身特点、了解职业世界,学生可以确立与自己相匹配的职业目标,并制订切实可行的行动计划。这一规划过程不仅有助于学生明确发展方向,更能激发其潜能,引导其有的放矢地投入学习和实践,为未来职业发展奠定坚实基础。

职业发展的实际进程会反作用于职业规划,使其不断完善和优化。在职业生涯的不同阶段,个人会面临不同的机遇和挑战,需要结合实际情况对原有规划进行调整和修正。这种动态修正不仅能够帮助个人及时应对环境变化,把握发展机遇,更能促使其反思自我,深化对职业和人生的理解。长此以往,职业规划和职业发展在不断交互中趋于完善,共同推动个人职业生涯的持续进步。

(二)职业发展阶段与规划策略

职业发展是一个动态的过程,个人在其中不断探索、学习和成长。在这一过程中,每个人都会经历一系列阶段,每个阶段都有其独有的特点和挑战。明确这些阶段及其特点,对于制定针对性的职业规划策略和方法具有重要意义。从整体上看,个人职业发展可以划分为探索期、建立期、维持期和衰退期四个主要阶段。

探索期通常发生在职业生涯初期,个人对职业世界还缺乏全面认识,需要通过广泛尝试来发现自己的兴趣和潜能。这一阶段的职业规划应着眼于自我认识和职业探索,鼓励个人参与各种实习、兼职和社会实践,积累经验,明确方向。

建立期是职业发展的关键阶段,个人在明确职业方向的基础上,全身心地投入工作,力求在职业领域取得突破和成就。这一阶段的职业规划应侧重于能力提升和资源积累,通过在职学习、项目锻炼等方式,不断拓展职业技能和人脉资源,为未来发展奠定基础。

进入维持期后,个人已经在职业领域确立了一定地位,职业发展趋于平稳。这一阶段的职业规划应注重巩固已有成果,同时积极把握新的机遇,适时调整发展路径。

衰退期是职业生涯的最后阶段,个人的工作能力和精力逐渐下降,职业发展动力减弱。这一阶段的职业规划应着眼于经验传承和价值实现,通过担任导师、参与公益等方式,将个人的知识和经验回馈社会,实现人生价值的升华。

三、大学生职业规划在现代社会的重要性

(一)适应社会发展

社会经济的高速发展对大学生职业规划提出了新的要求。在全球化、信息化和知识经济时代,社会对人才的需求正在发生转变。传统的就业观念和职业规划模式已难以适应新形势下的人才竞争。大学生必须紧跟时代步伐,积极调整职业规划策略,以更加开放、积极的心态迎接未来的机遇和挑战。

经济结构的优化升级带来了产业转型和就业结构的调整。战略性新兴产业、现代服务业等成为吸纳就业的重要领域,对创新型、复合型人才的需求不断增加。这就要求大学生在职业规划中具有前瞻意识,及时把握产业发展动向,提前做好知识技能储备,争取在未来就业市场中占据有利地位。

随着“互联网+”等新业态的蓬勃发展,自主创业、灵活就业日益成为大学生职业选择的新趋势。这对大学生的创新意识和创业能力提出了更高要求。在职业规划过程中,大学生要主动搭建创新创业平台,锻炼领导力、执行力、团队协作能力等,为未来职业发展拓展更广阔的空间。

在全球化背景下,国际化人才日益成为各行各业的紧缺资源。具备全球视野、跨文化沟通能力的复合型人才备受青睐。大学生要积极融入国际化大潮,提升外语能力,了解国际商业规则,提高跨文化交流与合作的能力,以更加开放包容的姿态参与全球化竞争。

(二)激发个人潜能

职业规划能够帮助大学生挖掘自身优势,充分发挥个人才智,实现自我价

值。在现代社会,个人潜能的开发和利用已经成为职业成功的关键因素。那些能够准确认识自我、不断挑战自我、持续提升自我的人,往往能在职业生涯中脱颖而出,取得卓越成就。

大学生处于人生发展的关键时期,他们的个性特征、兴趣爱好、专业特长正在逐步形成和确立。通过系统的职业规划,大学生能够全面审视自我,发现自身的优势和不足,并据此确立职业发展方向。在这个过程中,大学生不仅能够加深自我认识,更能激发内在动力,主动探索适合自己的发展路径。职业规划不仅为大学生指明了前进方向,更点燃了他们追求卓越、实现自我的热情。

个人潜能的激发离不开实践历练。大学生只有走出课堂,投身社会实践,才能真正认识自我、发现自我、超越自我。在实习、兼职、项目研究等实践活动中,大学生能够将所学知识运用于实际,检验自身能力,发现自身不足。同时,实践活动为大学生提供了宝贵的锻炼机会,让他们在与他人合作、与环境互动的过程中提升综合素质,塑造职业品格。

个人潜能的激发离不开良好的外部环境。高校应为大学生提供多样化的发展平台,营造鼓励创新、宽容失败的校园文化,为学生的个性化发展提供土壤。同时,高校还应加强与企业、社会机构的合作,为大学生提供更多实习实践机会,帮助其在真实的职业情境中认识自我、发展自我。只有在个人努力和外部支持的共同作用下,大学生的个人潜能才能得到最大限度的激发。

第二节　大学生职业规划的原则

一、目标性原则

(一)明确的职业目标设置

职业目标的设置应该遵循“SMART”原则,即具体(Specific)、可衡量

(Measurable)、可实现(Attainable)、相关(Relevant)、有时限(Time-bound)。具体来说,职业目标要明确具体,避免笼统、模糊的表述;要有明确的衡量标准,便于评估目标的达成;要切合自身实际,具有可行性和可实现性;要与个人的价值观、兴趣、能力相匹配;要有明确的时间期限,避免目标悬而未决。

职业目标的设置应兼顾个人价值和社会价值的统一。一方面,职业目标要符合个人的兴趣爱好和价值追求,这是保证职业生涯持续发展的内在动力。只有从事自己喜欢且有意义的工作,个人才能在职业生涯中获得持久的满足感和成就感。另一方面,个人的职业发展不能脱离社会需求和时代大势,要主动将个人价值融入社会价值中,在实现自身发展的同时为社会进步贡献力量。

(二)目标层次的划分

科学、合理地设置短期目标和长期目标,形成一个有机衔接、递进发展的目标体系,是职业规划成功的关键所在。

短期目标是指在较短时间内(通常是1~3年)需要完成的具体任务或达到的阶段性成果。对大学生而言,短期目标可以是掌握某项专业技能、获得相关资格证书、完成一份优秀的实习工作等。这些目标具有较强的可操作性和时效性,能够为长远的职业发展奠定基础。在设置短期目标时,大学生需要立足自身条件和外部环境,遵循具体性、可测性、可达性、相关性、时限性等标准,确保目标切实可行。同时,短期目标的设置应与个人的兴趣特长、价值取向相契合,激发持续的学习动力和行动力。

长期目标是指在未来较长时间(通常是3~5年或更长)内希望达成的职业理想和人生追求。它代表了个人在职业发展中的最高目标和奋斗方向,体现了个人价值观念和社会责任感。对大学生而言,长期目标可以是成为某个行业的优秀专才、创办自己的事业、产生积极的社会影响等。在设置长期目标时,大学生需要深入分析自我、职业和社会,在理想和现实之间寻求平衡,确立符合内在需求和外部期待的发展愿景。同时,长期目标应具有一定的包容性和弹性,适应环境变化和个人成长,不断修正和完善。

短期目标与长期目标是相辅相成、环环相扣的有机整体。一方面，长期目标为短期目标的设置提供方向和遵循，使阶段性任务的完成都服务于终极愿景的达成；另一方面，短期目标的达成为长期目标的实现提供了必要的能力积累和经验沉淀。二者的有机统一，形成清晰、高效的目标执行路径。大学生需要在日常的学习生活中，时刻以长期目标为牵引，以短期目标为抓手，在循序渐进中实现自我超越。

（三）目标可操作性

职业目标虽然为个人的职业生涯指明了方向，但若过于宏大和笼统，则难以落实到具体的行动中。因此，大学生需要将职业目标细化为一系列可操作的子目标和行动计划，明确每一阶段需要达成的任务和时间节点，并制定相应的实施策略。

大学生可以采取目标分解法，将长期的职业目标分解为若干个短期目标。这些短期目标应该具有明确的时间期限和可衡量的标准，如"在大一学年结束前，通过参与三个与专业相关的社团活动，提升自己的实践能力和团队合作意识"。通过将宏大的目标转化为具体的行动方案，大学生能够更清晰地看到前进的方向，从而增强目标达成的可能性。

在目标细化的过程中，大学生应充分考虑自身的实际情况，如专业特点、个人兴趣、能力优势等因素，结合自身条件制订切实可行的计划，确保目标的可达性。同时，大学生还需要对目标实现过程中可能遇到的困难和挑战进行预估，提前制定应对策略，以增强目标的可控性。

可操作的目标应包含明确的评估标准和反馈机制。大学生应该定期对目标完成情况进行自我评估，客观审视取得的进展和存在的不足，并根据评估结果及时调整行动计划。通过持续的监测和优化，不断提升目标的精准性和可执行性。

二、可行性原则

（一）考虑现实条件与个人能力的匹配度

大学生在制订职业规划时，必须充分考虑现实条件与个人能力的匹配度，以确保职业规划的可行性和实效性。个人的职业发展根植于特定的社会环境和个人禀赋之中,只有立足现实、扬长避短,才能制订出切实可行的职业规划方案。

从社会环境的角度来看,大学生需要深入了解所处时代的经济发展水平、产业结构特点、就业市场动向等宏观因素。这些外部条件在很大程度上决定了不同职业的发展前景和就业机会。例如,在经济高速发展、新兴产业不断涌现的时期,与之相关的职业往往具有广阔的发展空间和较高的收入回报。反之,在经济下行压力加大的背景下,传统产业可能面临转型升级的困境,相关职业的吸引力和就业前景可能有所下降。大学生只有准确把握时代脉搏,深入分析产业发展态势,才能做出合理的职业选择。

从个人禀赋的角度来看,大学生要全面审视自己的兴趣爱好、性格特点、知识技能等主客观条件,评估其与职业要求的契合度。每个人都是独特的个体,都有自己的优势和局限。选择一项职业,不仅要看重其发展前景,更要考虑自身是否具备相应的条件和潜力。例如,从事文案策划工作需要良好的文字功底和创意思维,从事财务管理则需要扎实的数理能力和严谨细致的工作态度。

(二)评估资源可利用性

在制订切实可行的职业规划时,大学生需要全面评估自身可调动的各类资源,包括个人资源、家庭资源和社会资源等。只有对这些资源进行系统梳理和科学分析,才能在职业规划中扬长避短,做到量力而行。

1. 个人资源

个人资源涵盖个人的知识技能、兴趣爱好、性格特点、身心健康状况等多个方面。大学生应当客观评估自己的专业水平和实践能力,明确自身的优势领域和不足之处。同时,个人的价值观念、职业兴趣是不可忽视的重要资源。只有选择与自己兴趣相符、价值观念契合的职业,才能在职业生涯中保持持久的热情和动力。身心健康状况也是影响职业规划的重要变量。大学生应当正视自己的身心状况,合理评估自己的职业承受力,避免盲目选择超出自身负荷的职业道路。

2. 家庭资源

家庭的经济状况直接影响着大学生的职业选择空间。例如，经济基础薄弱的学生可能倾向于尽快就业，获得稳定收入；家境优渥的学生可能拥有更多的职业尝试机会，追求自我实现。家庭成员的从业背景、社会关系网络也是宝贵的资源。学生可以向有相关从业经历的家庭成员请教，了解行业动态。

3. 社会资源

社会资源包括学生所处的宏观经济环境、行业发展趋势、地域特点等。不同的经济形势下，不同行业的发展前景和人才需求存在较大差异。大学生应当紧密关注经济形势和行业动态，根据市场需求合理调整职业规划。同时，不同地域的经济发展水平、产业结构、文化特点会对职业选择产生重要影响。学生应当立足自身实际，综合考虑地域因素，选择最有利于自身发展的就业地点。

资源可利用性评估是一个动态的过程。大学生的个人资源、家庭资源和所处的社会环境都在不断发生变化。因此，职业规划应当与时俱进，根据资源状况的变化进行适时调整。

（三）注重逆境应对与风险评估

在制订职业规划时，大学生需要充分认识到现实世界的复杂性和不确定性，预见可能遇到的各种障碍和风险，并制定相应的应对策略。只有这样，才能确保职业规划的可行性和持续性，最终实现理想的职业目标。

大学生在追求理想的过程中不可避免地会遇到各种障碍。这些障碍可能来自外部环境，如经济形势的波动、行业竞争的加剧、社会需求的变化等；也可能源于个人因素，如能力不足、经验缺乏、心理压力过大等。面对这些潜在的风险，大学生必须具备敏锐的洞察力和预判能力，提前识别可能出现的问题，并采取针对性的防范措施。

大学生可以通过多种途径提升自己的逆境应对能力。要主动学习和掌握与职业发展相关的知识和技能,夯实专业基础,增强核心竞争力。要积极参与各类实践活动,如实习、志愿服务、社团工作等,在实践中积累经验,锻炼应变能力。要注重心理素质的培养,学会调节情绪,保持积极乐观的心态,以更加从容、坚韧的姿态面对困境。还要善于寻求外界的帮助和支持,与师长、同伴、家人等建立良好的沟通,在遇到困难时能够得到及时的指导和鼓励。

大学生需要全面分析影响职业发展的各种因素,客观评估自身的优势和劣势,权衡机遇和挑战。这就要求大学生具备系统思考的能力,能够从宏观和微观两个层面审视问题,深入分析内在逻辑和相互关联。同时,还要学会运用各种分析工具和方法,全面收集和整理相关信息,做出科学的判断和决策。在此基础上,大学生要针对可能出现的风险制订应急预案,明确解决问题的思路和措施,做好充分的准备。

三、持续性原则

(一)职业规划的动态性

职业规划的动态性是指个人职业发展目标和路径随着时间的推移而不断调整和优化的特点。在瞬息万变的社会环境中,职业规划必须具备足够的灵活性和适应性,才能确保其持久的指导意义。

职业生涯的每一个阶段都面临着不同的挑战和机遇。个人的兴趣爱好、价值取向、知识技能等因素也在不断发生变化。如果职业规划过于僵化,没有根据内外部环境的变化进行及时调整,就容易与现实脱节,失去应有的针对性和有效性。反之,如果个人能够敏锐地洞察时代发展趋势,根据自身条件的变化不断修正职业目标,调整实现路径,职业规划就能始终保持旺盛的生命力,成为引领职业发展的指南针。

动态调整职业规划需要个人具备较强的自我认知和环境分析能力。要全面、客观地认识自己的兴趣特长、能力水平、价值追求,准确把握外部环境中的机遇和挑战,从而根据实际情况对职业目标进行适度调整,制定切实可行的发展路径。在这个过程中,个人还需要具备一定的风险意识和应变能力,对可能出现的困难和挫折有心理准备,并制订相应的应对预案。

职业规划的动态性体现在其与终身学习理念的紧密结合上。在知识经济时代,个人的知识和技能必须与时俱进,方能保持竞争优势。将持续学习作为职业生涯发展的重要内容,并根据学习成果对职业规划进行调整,使两者形成良性循环,是适应时代发展的必然要求。个人只有树立终身学习理念,不断拓宽知识视野,提升专业技能,才能使自己的职业规划始终紧跟时代脉搏,引领职业发展。

(二)规划的周期性评估与调整

在瞬息万变的职场环境中,个人的职业发展需要在实践中不断优化和完善。通过定期开展自我评估,深入审视职业规划的执行情况,个人能够及时发现问题,采取针对性的调整措施,确保职业发展始终沿着正确的轨道前进。

周期性评估要以客观、全面的态度审视职业规划的落实情况。这就要求个人能够跳出主观感受的局限,运用科学的评估方法和指标体系,系统梳理职业发展的各个维度。例如,可以从职业能力提升、工作绩效表现、人际关系建设等方面入手,采集相关数据和反馈,形成客观准确的评估报告。同时,评估过程中还应注重与他人的比较和参照,通过横向对比找出自身的优势与不足,为后续调整提供依据。

评估结果是优化职业规划的重要参考。一方面,评估能够帮助个人厘清职业发展的成果与短板,明确未来改进的方向和重点。通过评估,个人可以发现在知识积累、能力建设、资源整合等方面存在的问题,有针对性地制订提升计划,为实现职业目标奠定基础;另一方面,评估能够揭示外部环境的变化对职业发展的影响。随着时代的进步和产业的发展,原有的职业规划可能难以完全适应新的形势,需要及时调整和修正。评估能够帮助个人准确把握环境变化带来的机遇与挑战,审慎地调整职业目标和发展路径,保持职业生涯的竞争力。

职业规划的调整是一个动态优化的过程。这就要求个人能够保持开放和创新的心态,根据评估结果和环境变化不断完善职业发展蓝图。一方面,要立足自身条件和发展需求,对职业目标进行适度调整,既要保持目标的挑战性,又要兼顾实现的可行性。通过设置阶段性目标,将长远规划与短期行动相结合,个人才能在职业发展中保持清晰的方向感和持续的动力。另一方面,要善于学习和借鉴他人的成功经验,优化职业发展的策略和方法。通过广泛参与行业交流,寻求良师益友的指导,个人能够开阔职业视野,获得更多有益启发,不断优化职业发展路径。

(三)自我提升与终身学习

自我提升是大学生职业规划的核心要素。在日益激烈的就业竞争中,仅依靠学校所学的专业知识已远远不够,大学生还需要主动拓宽视野,丰富自身的知识结构和能力体系。这就需要他们树立终身学习的理念,将学习视为一种生活方式,而非仅限于校园内的教育活动。通过阅读文献资料、参加学术讲座、进行社会实践等多种途径,大学生可以不断吸收新知,提升自我,为未来的职业发展奠定坚实基础。

自我提升包括对个人素质和能力的全面培养。在知识经济时代,职场不仅需要专业技能过硬的人才,更需要具备优秀品格、沟通协作能力、创新思维等综合素质的复合型人才。因此,大学生在进行职业规划时,要注重德、智、体、美、劳的全面发展,在学好专业知识的同时,积极参与各类校园活动和社会实践,锻炼组织协调能力,提高人际交往水平,培养创新意识和批判性思维。

四、灵活性原则

(一)培养变化适应能力

变化适应能力是指个体面对环境变化时,能够及时调整心理状态、行为方式和应对策略,从而更好地适应新环境、应对新挑战的能力。对大学生而言,培养变化适应能力至关重要。一方面,大学生处于人生发展的关键阶段,职业观念、职业兴趣尚不稳定，容易受到外界环境的影响而发生改变；另一方面，现代社会不断发展，新技术、新模式不断涌现，对职场人员的能力要求也在不断升级。大学生只有具备良好的变化适应能力，才能在瞬息万变的职场环境中把握机遇、应对挑战。培养变化适应能力，需要大学生在职业规划过程中注重以下方面。

1. 树立终身学习理念，保持知识和技能的不断更新

现代社会，知识更新速度飞快，许多行业的知识生命周期越来越短。大学生要想在职场中保持竞争力，就必须树立终身学习的理念，及时更新知识结构，掌握新技术、新方法。通过不断学习，大学生才能适应不同岗位、不同行业的要求，为职业发展奠定坚实的基础。

2. 提高职业转换能力，培养多元化的职业技能

随着社会分工的细化和产业结构的调整，许多传统职业正在消失，而新兴职业不断涌现。这就要求大学生具备良好的职业转换能力，能够根据市场需求和自身特点，灵活转换职业方向。因此，大学生要在职业规划中注重培养多元化的职业技能，如沟通协调能力、问题解决能力、创新创业能力等，为职业转换提供更多可能。

3. 加强心理调适能力，保持积极乐观的心态

职业生涯的发展难免会遇到种种困难和挫折，这就需要大学生具备良好的心理调适能力。一方面，要学会调控情绪，保持积极乐观的心态，不被暂时的失败所击倒；另一方面，要勇于接受变化，视变化为机遇，主动迎接新的挑战。只有保持良好的心理状态，大学生才能在变幻莫测的职场环境中从容应对。

4. 增强风险意识，提高应变决策能力

在复杂多变的职场环境中，风险无处不在。大学生要学会客观评估职业发展中的各种风险，增强风险意识，提高风险管控能力。同时，还要注重提高应变

决策能力,在面临突发状况时,能够迅速做出正确判断和决策,化解风险,把握机遇。

(二)探索多元化发展路径

传统的职业观念往往局限于单一、固定的职业选择,认为个人的职业发展应该遵循一条既定的轨道,很少考虑跨领域、跨行业的发展可能。然而,随着社会分工的日益细化和就业形势的日趋复杂,这种狭隘的职业观念已经难以适应时代的要求。大学生应树立开放、包容的职业态度,勇于探索多元职业发展路径,充分发掘自身的潜力和机遇。例如,一位学习计算机专业的大学生,可以选择在IT企业从事软件开发工作,这是一条相对传统和稳定的职业路径。但他也可以将计算机专业知识应用到其他领域,如互联网金融、医疗信息化、智慧城市建设等,开拓更加广阔的职业空间。

探索多元化职业发展路径,需要大学生具备开放的心态和学习的勇气。面对不熟悉的领域和机遇,大学生难免会有所顾虑和迟疑,担心自己无法适应新的工作环境和要求。但只要秉持积极乐观的态度,保持学习和创新的热情,就一定能够不断突破自我,实现职业方向的灵活转换。在职业探索的过程中,大学生还应注重综合素质的培养,如沟通表达能力、团队协作意识、创新创业精神等,这些能力无论在哪个行业都是不可或缺的职业素养。

(三)培养创新思维与应变策略

创新思维要求大学生敢于质疑现有规则,勇于探索未知领域。它不是天马行空的异想天开,而是立足现实问题,提出独到见解。创新源于广博的知识积累和深邃的洞察力。因此,大学生要主动涉猎各学科前沿动态,培养跨界思考的能力,用批判性思维审视自己的职业规划。

应变策略强调在复杂多变的职场形势下,灵活调整职业规划,化危机为转机。这需要大学生时刻保持敏锐的洞察力,准确把握职业发展环境的新变化。当外部形势发生变化,原有规划难以为继时,大学生要及时调整目标,重新审视自身优势,开拓新的职业发展路径。同时,应变策略还要求大学生具备较强的心理调适能力。在职业生涯的关键节点,面对挫折和困惑,大学生要学会调节情绪,积极寻求解决方案,化压力为动力。

创新思维与应变策略的培养需要在实践中砥砺。大学生要主动参与各类创新创业实践,于实战中锻炼思维能力。例如,参加创新创业大赛,可以锻炼发现需求、提出创意、优化方案的能力;参与志愿服务,可以培养换位思考、灵活应对的能力。大学生还要注重和职场前辈交流,学习他们的成功经验和应对策略。

第三节　大学生职业规划的影响因素

一、个人因素

(一)个人能力与技能

每个人都拥有独特的天赋和后天发展潜力,如何客观认识并不断提升自身能力,是职业规划成功的关键所在。

扎实的专业知识是立身之本。大学期间学习的理论知识和实践技能,是未来职业发展的基石。学生需要认真对待每一门课程,努力掌握专业领域的前沿动态和关键技术,为日后的职业选择奠定坚实基础。同时,学生应主动拓宽知识视野,涉猎相关学科,培养多元化的知识结构。

职业规划需要全面考量个人的综合素质。除了专业技能,沟通表达、团队协作、问题解决、创新思维等通用技能也至关重要。这些能力不仅影响着个人在职场的发展空间,更关乎其应对不确定性、驾驭复杂局面的潜力。大学生应当通过参与各类实践活动,如社团、竞赛、项目等,锻炼和强化自身的综合素质。

发掘并培养个人优势是职业规划的有效策略。每个人都有某些方面的特殊禀赋,如语言、写作、设计、编程等。这些特长往往能成为职业选择的有力筹码。大学生应当客观分析自身特点,有针对性地投入时间和精力,将优势特长发展成为职场竞争力。当个人特长与职业方向高度契合时,成功的概率也会大大提升。

个人兴趣和理想是职业发展的内在动因。工作并不仅是谋生手段,更是实现自我价值的途径。只有选择自己感兴趣、有使命感的职业,才更有可能全身心地投入并获得成就感。因此,大学生在进行职业规划时,应当深入思考自己的兴趣所在、价值追求,选择与之相匹配的职业方向。

(二)性格特征与职业倾向

每个人都有其独特的性格特点,如外向或内向、理性或感性、冒险或谨慎等。这些性格特征会在一定程度上决定个人对不同职业的偏好和适应性。例如,外向、善于交际的人可能更适合销售、公关等与人打交道的工作;内向、细心的人则可能更擅长研究、技术类职位。同时,个人的兴趣爱好是职业倾向形成的基础。一个人在从事自己感兴趣的工作时,往往会表现出更高的积极性和创造力,并从中获得更多的成就感和满足感。

在大学生职业规划过程中,深入了解自己的性格特点和职业倾向至关重要。通过自我剖析和职业测评等方式,学生可以更加清晰地认识自己的优势和不足,明确自己的职业兴趣和价值取向。在此基础上,学生可以有针对性地选择相应的专业学习和实践锻炼,为未来的职业发展奠定基础。同时,学生应该认识到,性格特征和职业倾向并非一成不变。在大学期间,通过参与各种社团活动、实习实践等,学生可以不断拓宽视野、丰富阅历,由此带来性格和兴趣的积极变化。这种变化可能会为学生开启新的职业选择空间。

(三)生活经历与价值观念

每个人都是在特定的家庭和社会环境中成长,这种成长背景决定了个人的价值取向、行为方式和思维模式。当人们在进行职业选择时,往往会受到这些因素的影响,从而做出不同的决策。

一个人的生活阅历越丰富，接触的事物和人群越广泛，其视野和格局也就越开阔。这种开阔的眼界有助于个人客观地认识自我、理性地看待职业，从而在职业规划中做出更加明智的选择。反之，如果一个人的生活经历相对单一，缺乏对不同行业和职业的了解，就可能会对职业有片面甚至错误的认识，进而影响其职业规划的科学性和可行性。

价值观念是个人在成长过程中逐步形成的对事物的根本看法。不同的价值观念会导致个人对职业的不同态度和追求。例如，如果一个人更看重物质回报，就可能会选择高薪行业；如果一个人更看重社会贡献，就可能会选择公益性质的职业；如果一个人更看重自我发展，就可能会选择能够提供广阔成长空间的职业。个人的价值观念越明确，在职业选择中就越有主见和原则，越不易受外界因素的干扰。

个人的生活经历和价值观念会影响其对职业发展的期望和规划。有的人可能会满足于一份稳定的工作，而有的人则可能会不断追求职业的升迁和突破。这种差异往往源于个人成长过程中形成的人生态度和自我认知。

二、教育因素

(一)教育水平与专业培训

个人接受的教育程度和专业技能的掌握情况，在很大程度上决定了其未来的职业发展方向和空间。高等教育阶段的专业学习，为大学生奠定了扎实的理论基础和实践能力，这是职业生涯规划的知识前提和技能基础。

通过系统的专业学习，大学生能够深入理解所学领域的基本原理、研究方法和前沿动态，建立起完整的知识体系。这种全面而深入的专业素养，有助于大学生准确把握职业方向，为未来职业发展做好充分准备。例如，计算机专业的学生通过编程语言、算法设计等课程的学习，掌握了软件开发的基本技能，为从事程序员、软件工程师等职业打下了坚实基础；金融专业的学生，则能够系统掌握金融学的理论知识和实务技能，为未来从事金融分析师、投资顾问等工作奠定了良好的专业基础。

除了正规的高等教育,专业技能培训也是提升大学生职业竞争力的重要途径。通过参加各类职业资格认证、技能培训等,大学生能够进一步提升实践操作能力,掌握专业领域的前沿技术和最新动向。这些专业技能的获得,不仅能够弥补学校教育的不足,更能够使大学生在职场中脱颖而出,赢得更多的发展机会。例如,市场营销专业的学生通过参加销售技巧培训、网络营销认证等,能够掌握更加实用有效的营销策略和技巧,从而在未来的营销岗位上取得更好的业绩表现。

教育背景和专业培训经历是衡量职业发展潜力的重要指标。拥有高学历和专业资质的求职者,更容易获得用人单位的青睐和认可。这不仅因为他们掌握了更加全面和深入的专业知识,更在于高学历和专业资质所代表的学习能力、逻辑思维和持续发展潜力。在知识更新日新月异的时代,拥有良好的学习能力和自我提升意识,是保持职业竞争力的关键所在。因此,大学生在进行职业规划时,既要重视学历教育的深造,也要注重专业技能的培养,以全面提升自身的职业素养和发展潜力。

(二)学校资源与教育环境

高等教育阶段的学习经历,不仅为学生提供了专业知识和技能训练,更塑造了其职业价值观和就业意向。丰富的学校资源能够为学生提供更多元化的选择,开阔其职业视野。良好的教育环境则有助于培养学生的职业素养,提升其就业竞争力。

学校的实验室、图书馆、实训基地等硬件设施,为学生提供了亲身实践、动手操作的机会,有利于其掌握专业技能,积累实践经验。尤其是一些高校与企业合作共建的实习实训平台,让学生有机会深入一线,了解行业动态,为未来职业发展奠定基础。而学校丰富的课程资源,涵盖了通识教育、专业教育、创新创业教育等多个维度,帮助学生构建起完整的知识体系,培养其全面发展的素质和能力。

学校营造的浓厚学术氛围、开放包容的文化环境,能够激发学生的好奇心和探索欲,鼓励其勇于创新、敢于突破。许多高校定期举办学术讲座、创新创业大赛、职业规划工作坊等活动,为学生搭建起展示自我、锻炼能力的平台。而智慧睿达的教师团队,以其渊博的学识、高尚的师德,潜移默化地影响着学生,帮助其树立正确的人生观、价值观。

学校为学生提供了广泛的社会实践和国际交流机会。通过参与志愿服务、社会调研、海外游学等活动,学生能够深入社会、了解国情,拓宽国际视野,增强社会责任感。这些宝贵的经历不仅能够帮助学生厘清职业方向,更能提升其跨文化交际能力和全球竞争力。

(三)教育机会均等性

由于受到地区经济发展水平、城乡差距等因素的影响,不同地区、不同群体在接受高等教育机会方面存在一定的不平衡。这种教育资源配置的差异性,直接影响着大学生获取专业知识和培养职业技能的条件,进而左右其未来的职业发展空间和社会流动的可能性。

教育资源配置的差异性体现在学科专业方面。由于专业特点和社会需求的差异,不同专业在师资力量、实验设备、实习就业机会等方面的教育投入存在较大差距,导致学生在知识结构、实践能力等方面的培养质量难以均衡。

教育资源配置的公平与否,从根本上影响着大学生的视野格局和职业理想。在优质教育资源相对集中的高校,学生能够接受前沿的学术思想,了解行业的最新动态,树立远大的职业目标,为实现理想不懈努力。而在教育资源相对匮乏的院校,学生的求知视野较为局限,缺乏先进的教学设施和实践平台,职业规划意识相对薄弱,难以对未来形成清晰的预期和规划。

三、环境因素

(一)地理位置与区域发展

不同地区的经济发展水平、产业结构、人才需求存在显著差异,这些差异直接决定了大学生的就业前景。经济发达地区凭借雄厚的经济实力和多元的产业结构,能够提供更为广阔的就业市场和更多样化的职业选择。这些地区的企业数量多、规模大,涉及领域广,对各类专业人才的需求旺盛。因此,毕业生在这些地区更容易找到与自身专业相匹配的工作岗位,实现个人价值和职业理想。相比之下,欠发达地区受限于经济基础薄弱、产业结构单一,就业岗位数量有限,供需矛盾突出。许多企业规模较小,专业分工不细,对高层次人才的吸纳能力不足。这使部分毕业生难以找到理想的工作,不得不选择与专业不对口的岗位,或去发达地区寻找机会。

地区发展不平衡导致了就业机会的空间分布失衡。发达地区的就业机会集中于中心城市,而广大农村和偏远地区的就业形势更为严峻。这种区域差异进一步加剧了毕业生就业的不确定性和风险性。

除就业岗位数量外,不同地区提供的薪酬待遇和发展空间也存在显著差异。发达地区的企业实力雄厚,能够给予员工更高的薪资福利和更广阔的职业发展通道。这对毕业生无疑具有更强的吸引力。相比之下,欠发达地区企业的薪酬水平普遍偏低,晋升空间有限,很难留住优秀人才。这种差异导致人才向发达地区流动,加剧了地区发展失衡,形成恶性循环。

区域经济发展影响着与就业相关的配套设施和公共服务的完善程度。发达地区拥有健全的人才市场、职业培训、创业扶持等公共服务体系,为毕业生提供了更多选择和尝试的机会。而在欠发达地区,这些服务相对缺乏,难以满足毕业生的多元需求。

(二)文化环境与社会氛围

每个人都生活在特定的文化语境之中,耳濡目染地受到社会主流价值观的熏陶和塑造。文化传统、社会风尚、时代精神等外部环境因素潜移默化地影响着个人的职业选择倾向,左右着其职业理想和目标的确立。

一个崇尚科学、鼓励创新的社会文化氛围,往往能够激发个人的求知欲和进取心,鼓舞其投身科研、教育等富于创造性和挑战性的职业领域。反之,一个注重名利、急功近利的社会风气,则可能诱导个人将金钱物质作为职业选择的唯一标准，漠视职业的社会价值和个人理想追求。

社会主流价值取向深刻影响着个人职业目标的设定。在强调个人奋斗、鼓励竞争的社会氛围中，个人更倾向于设定高远、富有挑战性的职业目标，不断努力实现自我超越。而在推崇安于现状的文化环境下，个人则可能降低职业期望值，缺乏进取心和上进心。

不同时代、不同阶段的社会发展重点，会影响个人的职业选择和目标定位。在以经济建设为中心的年代，个人更容易将职业目标指向工程技术、商贸管理等经济支柱领域。而在创新驱动发展的时代，个人则更青睐于互联网、人工智能等新兴行业。

（三）科技进步与新兴行业

在数字化、网络化、智能化快速发展的时代背景下，新兴产业和行业不断涌现，传统职业也面临着转型升级的压力。因此，大学生在进行职业生涯规划时，要紧跟时代步伐，准确把握科技发展趋势，积极开阔视野，不断拓展就业创业新空间。

科技进步带来了新的学科领域和研究方向，推动了跨学科、交叉学科的发展。大数据、人工智能、生物医药、新材料、新能源等前沿技术领域的兴起，为不同专业背景的大学生提供了广阔的就业舞台。同时，传统产业与新技术的深度融合，催生了一批新的职业岗位。在这样的背景下，大学生要主动学习新知识、掌握新技能，不断提升自身的专业素养和创新能力，以适应未来职业发展的需要。

科技进步对劳动者的综合素质提出了更高的要求。在智能化时代，许多简单重复的工作将被机器取代，具有创造性、专业性、复合型的人才更受欢迎。这就要求大学生在校期间全面提升自己的核心竞争力，注重培养分析问题、解决问题的能力，锻炼团队协作、沟通表达等软技能，同时加强创新意识和创业精神的培育。

科技进步带来了更加灵活多元的工作方式。远程办公、自由职业、多点执业等新型就业形态不断涌现，为大学生的职业选择提供了更多可能性。在制订职业规划时，大学生要充分考虑自身特点和优势，找准职业定位，并根据市场需求和行业发展趋势，选择适合自己的就业路径。无论是传统的全职工作，还是新兴的弹性就业，都需要树立终身学习理念，不断充实和提升自己，以应对职业生涯中的各种挑战变化。

第二章　大学生职业规划的步骤与策略

第一节　分析职业环境

一、职业环境分析的意义与目的

（一）理解职业市场的变化趋势

在社会转型加速、产业结构深度调整的大背景下，职业环境正经历着剧烈变化，传统的职业分类和就业模式正在被打破，新兴行业和职业不断涌现，就业形态日趋多元化、灵活化。面对瞬息万变的职场环境，大学生必须及时更新职业认知，准确把握职业发展的脉搏，以便在激烈的竞争中占据有利位置。

互联网、大数据、人工智能等新一代信息技术的迅猛发展正在重构传统产业格局，催生出大量新兴职业。随着“互联网+”时代的到来，跨境电商、移动支付、共享经济等新业态方兴未艾，对复合型、创新型人才的需求日益增加。同时，先进制造、生物医药、节能环保等战略性新兴产业的崛起为大学生就业带来了新的增长点。然而，随着供给侧结构性调整的深入推进，部分传统行业和岗位则面临着转型升级或淘汰出局的压力，大学生在选择职业方向时需要有所取舍、有所侧重。

随着高等教育的普及，大学毕业生数量持续增长，就业市场竞争愈发白热化。大学生必须全面提升自身的职业素养和核心竞争力，以应对日益激烈的就业挑战。这就要求他们结合自身特点和兴趣爱好，系统分析不同行业和岗位的市场前景、发展通道、薪酬待遇等因素，从而理性地规划职业发展路径。同时，大学生还应积极参与各类实习实践和职业体验活动，在实际工作中积累经验、锻炼能力、拓宽视野，为未来的职场发展奠定坚实基础。

（二）明确个人职业发展机会

明确个人职业发展机会需要在全面分析职业环境的基础上，识别行业发展趋势与个人职业目标的契合点。这一过程不仅需要客观评估行业现状和未来前景，更需要深入剖析个人的兴趣、特长、价值观等内在因素。

大学生应该密切关注所在行业的发展动态，深入了解行业的市场规模、竞争格局、技术更迭等关键要素。通过收集行业报告、参加行业论坛、与业内人士交流等方式，大学生能够更加全面、立体地把握行业发展脉搏，洞察未来的机遇与挑战。同时，还需要关注国家产业政策、人才培养政策等宏观环境因素，预判其可能带来的影响。基于充分的信息和数据，大学生能够客观评估行业前景，选择最具潜力和适配性的职业方向。

大学生应该审慎评估自身的兴趣爱好、专业特长、个人价值追求等，在此基础上形成清晰的职业发展愿景。个人的职业选择需要投入大量的自我探索。通过职业性格测试、职业咨询、实习实践等方式，大学生能够更加深入地认识自我，厘清职业发展的内在驱动力。

在对标行业需求和个人特质的基础上，大学生需要审慎思考两者的契合度。一方面，要评估个人的知识、技能、经验等是否匹配行业的专业要求，找出自身的优势与不足；另一方面，要判断行业的文化氛围、工作方式等是否符合个人的性格特点和行为偏好。

（三）规避职业发展风险

大学生在就业过程中会面临各种职业发展风险。这些风险可能源于社会经济环境的变化、行业发展的不确定性，或是个人能力与市场需求的错位。预先分析和识别这些潜在威胁，对于大学生制订科学的职业规划、采取有针对性的应对措施至关重要。

社会经济形势的波动会给特定行业和职业带来冲击。经济增速放缓可能导致用人单位收缩招聘规模,加剧就业竞争;结构性调整则可能使某些传统职业陷入衰退。对于正处于职业起步阶段的大学生,准确把握社会经济走势,关注产业政策导向,有助于及时调整就业预期,规避潜在的系统性风险。

不同行业和企业的发展前景存在显著差异。新兴产业的崛起固然蕴含着难得的就业机遇,但其成长往往伴随着较高的不确定性和波动性。相比之下,传统行业虽然增长空间有限,但发展较为稳健。大学生在选择职业方向时,需要客观评估行业发展阶段和市场竞争态势,权衡机遇与风险,避免盲从而陷入就业困境。

个人专业能力与职业需求的匹配程度直接影响职业发展前景。知识结构陈旧、实践经验不足、创新能力缺乏等,都可能成为职场竞争的掣肘。对大学生而言,及时更新专业知识,提升实践技能,培养创新意识,是应对个体职业风险的有效途径。同时,大学生还需加强职业生涯管理,通过自我评估确立职业定位,制定符合实际的职业发展路径,并随着外部环境和个人条件的变化动态调整,以保持职业竞争优势。

二、职业环境分析的主要内容

(一)行业趋势与前景分析

通过全面评估不同行业的成长潜力和发展趋势,大学生能够更准确地把握职业机会,规避潜在风险。行业趋势与前景分析主要包括以下方面。

市场需求变化是影响行业发展的关键因素。随着社会进步和科技创新,消费者的需求不断升级,这就要求相关行业及时调整经营策略,开发新产品和服务。例如,在移动互联网时代,传统零售业纷纷开始布局电商渠道,以适应消费者线上购物的习惯。大学生在分析行业前景时,必须紧跟市场需求变化,准确把握行业转型升级的方向。

政策环境变化会对行业发展产生深远影响。产业政策的调整会带来行业格局的重塑,一些符合战略发展的行业将获得政策扶持,迎来快速发展的机遇;另一些行业则可能面临转型压力，甚至被逐步淘汰。例如，为应对气候变化挑战，大力发展清洁能源产业，相继出台了一系列支持政策，推动风电、光伏、新能源汽车等行业加速发展；而高耗能、高污染的传统制造业则日益受到限制，急需加快绿色转型的步伐。因此，大学生在研判行业前景时，必须关注相关政策动向，提前做好职业规划的调整。

技术进步是推动行业发展的重要引擎。新技术的出现往往会颠覆传统业态，催生出新的产业形态和商业模式。在这一过程中，掌握核心技术的企业将抢占发展先机，引领行业的未来走向。例如，移动支付的普及重塑了传统金融业态，推动了金融科技行业的崛起；大数据、云计算等技术的发展也为众多行业带来了降本增效的机会，成为驱动企业数字化转型的关键力量。因此，大学生在思考未来职业方向时，必须密切关注行业的技术发展动向，提前布局前沿技术领域，提升职业竞争力。

人才供需状况是影响行业吸引力的关键因素。高端人才紧缺的行业往往具有较大的发展潜力和较高的薪酬水平，更容易吸引优秀的大学毕业生。反之，人才供大于求的行业则可能面临激烈的就业竞争，薪酬增长空间有限。例如，物联网、人工智能、大数据等新兴产业对复合型技术人才的需求急剧增加，相关专业的毕业生就业前景较为乐观；而传统的制造业、建筑业等行业则可能面临人才流失的问题，需要加大人才培养和吸引力度。因此，大学生在选择职业方向时，必须充分考虑行业的人才供需状况，选择具有广阔发展前景的行业。

行业的市场化程度、竞争格局、盈利水平等因素会影响其未来的发展前景。市场化程度高、竞争充分、盈利能力强的行业往往具有更大的发展空间和更多的创新机会。反之，市场化程度低、垄断程度高、盈利空间有限的行业则可能面临较大的发展瓶颈。例如，互联网行业凭借其开放、共享、创新的特质，吸引了大量优秀人才和创业团队，成为引领经济转型升级的重要力量；而电信、电力等传统垄断行业则面临转型创新的重大挑战，急需引入更多的市场化机制，焕发新的活力。

(二)劳动力市场需求变化

劳动力市场是连接求职者与用人单位的重要纽带,其供求状况和动态变化直接影响着大学生的职业选择和发展前景。深入分析劳动力市场需求变化,准确把握其发展趋势,对于大学生制订科学的职业规划具有重要意义。

劳动力市场需求呈现出明显的结构性特征。一方面,随着产业结构的不断升级和经济增长方式的转变,对高技能、高素质劳动力的需求日益增加。知识密集型产业和现代服务业的快速发展,催生了对专业技术人才和管理人才的大量需求;另一方面,传统制造业和劳动密集型产业仍然是吸纳就业的重要领域,但其用人需求重心已经从普通劳动力转向技能型劳动力。这就要求大学生在进行职业选择时,既关注新兴产业和热门行业的发展机遇,也立足自身特点和优势,审慎评估传统行业的就业前景。

不同区域和城市的劳动力市场需求存在显著差异。经济发达地区和一线城市凭借雄厚的产业基础和广阔的发展空间,对各类人才的需求旺盛,就业机会相对较多。而欠发达地区和中小城市受经济结构单一、产业层次较低等因素制约,劳动力需求总量和需求层次相对较低。因此,大学生在选择就业地点时,既要考虑自身的职业发展诉求,也要全面衡量不同地区的就业环境和发展潜力,做出理性选择。

技术进步和生产方式转变正在深刻改变劳动力市场需求。人工智能、大数据、云计算等新一代信息技术的快速发展,使许多传统岗位面临被替代的风险,而一批新的工作岗位和职业不断涌现。这就要求大学生紧跟时代步伐,主动学习新知识、掌握新技能,不断提升自身的核心竞争力。同时,企业对员工创新能力、学习能力、沟通协作能力的要求在不断提高。大学生只有全面提升自身综合素质,才能在激烈的人才竞争中脱颖而出。

劳动力市场需求呈现出明显的动态性特征。受经济周期、产业政策、国际形势等多重因素影响,市场需求会出现阶段性波动和结构性调整。这就要求大学生密切关注市场动态,及时调整职业发展策略。通过持续学习和技能提升,增强职业适应性和转换能力，从而更好地应对市场变化带来的机遇和挑战。

三、职业环境分析的方法与工具

（一）宏观经济数据分析工具

通过系统收集和分析经济增长率、通货膨胀率、失业率等关键经济指标，大学生能够全面把握宏观经济运行态势，洞察经济发展趋势，进而预判不同行业和职业的发展前景。

经济增长率是衡量经济发展速度和规模的核心指标。当经济高速增长时，社会财富快速积累，居民可支配收入水平提高，必然催生出旺盛的消费需求，带动零售、餐饮、旅游等消费性行业的迅猛发展。与之相对，经济增速放缓则意味着社会总需求不足，可能导致传统制造业等行业面临产能过剩的困境。

通货膨胀率是反映货币购买力变化的重要指标。当通胀率过高时，货币贬值速度加快，居民实际收入水平下降，消费能力受到削弱。这可能抑制消费性行业的发展，但也可能刺激房地产等抗通胀资产的投资需求，推动房地产、建筑等行业的繁荣。

失业率直接影响居民就业预期和消费信心。失业率的攀升往往预示着经济衰退的到来，会抑制社会总需求，加剧经济下行压力。此外，失业率上升也可能意味着劳动力市场竞争加剧，一些知识密集型行业反而可能迎来用工荒，为相关专业人才提供更多就业机会。

宏观经济数据虽然能够提供经济运行的整体图景，但大学生在应用这些数据分析职业前景时，还需要注意以下方面：一方面，经济运行具有周期性特点，在分析数据时要把握经济周期所处阶段，既不能对经济繁荣期盲目乐观，也不能对衰退期一味悲观；另一方面，不同行业对宏观经济波动的敏感程度存在较大差异。例如，金融、地产等行业与宏观经济联系更为紧密，而教育、医疗等行业则相对稳定。大学生要根据自身专业特点，有侧重地选取相关数据进行分析。

(二)行业报告与市场研究方法

行业报告通过系统地收集、整理和分析特定行业的各类数据和信息,全面呈现该行业的发展现状、竞争格局、市场规模、技术趋势等关键要素。这些报告通常由专业的研究机构或咨询公司编制,具有权威性和专业性。通过仔细研读相关行业报告,大学生能够快速掌握行业的基本面,了解行业的发展方向和未来前景,为职业规划提供重要参考。

大学生需要学习和运用科学的市场研究方法,深入分析行业报告所呈现的信息。常用的市场研究方法包括定量研究和定性研究两大类。定量研究主要采用问卷调查、数据建模等手段,通过收集大量样本数据进行统计分析,得出具有普遍性和代表性的结论。例如,通过对行业从业者进行大规模问卷调查,准确把握该行业的就业状况、薪酬水平、岗位需求等关键信息。定性研究则侧重于通过访谈、焦点小组等方式,深入了解行业专家、企业高管等利益相关者的真实想法和观点,挖掘隐藏在数据背后的深层次原因。

在运用市场研究方法分析行业报告时,大学生需要注意以下关键点。首先,要全面收集信息,不放过每一个重要细节。行业报告通常内容翔实,涉及诸多维度,需要耐心地逐一梳理和提炼。其次,要学会举一反三,将行业报告中的信息与其他渠道获取的信息相印证,构建起完整的行业认知。再次,要保持独立思考,不盲从权威,勇于提出自己的疑问和见解。行业报告再权威,也难免存在局限性和偏颇,需要运用批判性思维加以甄别。最后,要善于总结提炼,将分析过程中的重要发现转化为可执行的行动策略。只有真正应用于实践,行业分析才能发挥出真正的价值。

(三)SWOT 分析工具

SWOT 分析工具通过系统全面地评估内外部因素,帮助个人清晰地认识自身优势(Strengths)、劣势(Weaknesses)、机会(Opportunities)和威胁(Threats),从而制定恰当的发展策略。在大学生职业生涯规划中,运用 SWOT 分析模型能够帮助学生深入剖析个人特点，准确把握外部环境，进而做出更加明智的职业选择和发展决策。

1. 优势维度

SWOT 分析要求大学生全面审视自身条件，挖掘能够成为职场竞争力的独特优势。这些优势可能源于个人的性格特质、专业知识、实践技能、人际关系等多个方面。例如，一位性格外向、善于沟通的学生，可能更适合从事市场营销、公关等与人打交道的工作；一位善于逻辑思维、专注钻研的理工科学生，则可能在技术研发岗位上大有作为。通过 SWOT 分析，大学生能够更加清晰地认识自己的长处所在，在职业选择时有的放矢，避免盲目跟风。

2. 劣势维度

SWOT 分析强调诚实面对自身不足，这对职业生涯规划具有重要意义。每个人或多或少都存在一些短板，如知识储备不足、实践经验欠缺、性格上的局限等。如果回避这些劣势，盲目自信，很可能在职场遭遇挫折。而 SWOT 分析鼓励大学生正视不足，并积极寻求弥补和提升的途径。例如，可以利用大学期间参加相关实习，提升实践操作能力；或进行针对性的课程学习，夯实理论基础。

3. 机会维度

SWOT 分析引导大学生密切关注职业环境的变化，捕捉有利于个人发展的机遇。新经济、新业态的不断涌现，使很多行业呈现出爆发式增长的态势。对于敢于创新、勇于尝试的年轻人，这为其提供了广阔的职业舞台。通过对宏观经济形势、产业发展趋势等进行分析，大学生能够前瞻性地选择进入发展潜力大、个人受益多的行业，抓住时代机遇，实现事业的快速发展。同时，对外部环境的判断应建立在审慎调研、客观分析的基础之上，切忌头脑发热，盲从趋势。

4. 威胁维度

SWOT 分析提醒大学生要时刻保持危机意识，未雨绸缪，做好风险防范。职业环境瞬息万变，不确定因素很多，稍有疏忽就可能前功尽弃。例如，技术进步可能带来某些传统岗位的消失，经济波动可能导致特定行业的衰退，教育发展可能改变用人单位的招聘标准。对于这些潜在威胁，大学生要有敏锐的洞察力，有针对性地制订预案。一方面，要在学习过程中注重知识的更新迭代，紧跟时代步伐，提升技能的适应性和迁移性；另一方面，要树立终身学习理念，保持职业发展的灵活性，在环境变化时能够及时调整策略，化危机为转机。

四、职业环境分析对大学生职业规划的影响

（一）职业选择与决策的引导

职业环境作为影响大学生职业选择和决策的关键因素，塑造着大学生的职业价值观和就业预期。通过对职业环境进行深入分析，大学生能够更加清晰地认识不同职业的现状与前景，了解自身优势与不足，进而做出更加明智和理性的职业选择。

职业环境分析为大学生职业决策提供了重要参考。通过对宏观经济形势、产业结构调整、行业发展趋势等因素的考量，大学生能够把握职业市场的总体走向，预判不同职业领域的发展前景。这种前瞻性的分析有助于大学生及时调整职业规划，选择具有广阔发展空间和良好就业前景的行业。同时，职业环境分析还能帮助大学生深入了解不同职业的工作性质、任职要求、薪酬待遇等，为其职业选择提供更加具体和实际的参考依据。

职业环境分析引导大学生建立科学的职业价值观。通过评估不同职业的社会地位、发展前景、工作压力等方面，大学生能够更加全面地认识职业世界的复杂性和多样性。这种认识有助于大学生树立务实、进取的职业态度。在职业环境分析的过程中，大学生还能深刻体会到社会责任感、职业道德等价值理念的重要性，进而形成积极向上、健康进取的职业价值观。

(二)职业准备与技能培养的定向

职业环境分析为大学生的职业准备指明了方向。通过对职业环境的研究判断,大学生能够明确不同职业领域对知识、能力、素质等方面的具体要求。这种明确的认识为大学生的职业准备提供了清晰的目标。大学生可以据此有针对性地学习专业知识,培养职业技能,提升综合素质,为未来的职业发展奠定坚实基础。同时,职业环境分析还能帮助大学生及时发现自身的不足,调整学习和实践计划,不断完善自我,以更好地适应职业环境的需求。

职业环境分析培养了大学生的应变能力和创新精神。职业环境瞬息万变,唯有保持敏锐的洞察力和灵活的应变能力,才能在复杂多变的职业世界中保持竞争优势。通过对职业环境进行持续跟踪和动态分析,大学生能够养成敏锐的职业嗅觉,提高应对职业变化的能力。同时,职业环境分析还能激发大学生的创新意识和创业精神。面对日新月异的职业环境,大学生只有不断开拓创新,主动把握机遇,才能在激烈的职业竞争中脱颖而出。

第二节　设定职业目标

一、职业目标设定的意义与原则

(一)职业目标设定的意义

职业目标的设定有助于大学生更好地认识自我,了解自身的兴趣、特长、价值观和能力水平。在设定目标的过程中,学生需要对自己进行全面客观的评估,思考自己的优势所在,以及哪些方面还有待提升。这种自我认知和反思能力,对于未来职业发展至关重要。

明确的职业目标能够帮助大学生在校期间更有针对性地学习和实践。当学生对未来职业有了清晰的定位,就能够根据目标的要求,主动选择相关的课程和实践活动,提升职业所需的知识和技能。这种有的放矢的学习方式,不仅能够提高学习效率,更能够增强学生的职业竞争力。

职业目标的设定能够帮助大学生更加理性地看待职业选择。很多学生在就业时,往往盲目跟风,或是被眼前的利益所诱惑,缺乏长远的考虑。而有了明确的职业目标,学生就能够根据自身条件和社会需求,理性地权衡各种职业选择,避免盲目和冲动。即便在职业生涯中遇到困难和挫折,也能够以目标为指引,坚定方向,继续前行。

职业目标的设定有助于增强大学生的责任感和使命感。一个有理想、有追求的人,往往更加注重自身的社会价值和责任担当。当学生将个人职业目标与国家发展、社会进步联系起来,就能够更加自觉地投身于国家建设中,贡献自己的智慧和力量。

(二)设定职业目标的基本原则

在设定职业目标时,需要遵循可测性、可达性、相关性和时限性等基本原则,以确保目标的可行性和有效性。

可测性原则要求职业目标必须是具体、明确的,能够用可观察、可量化的指标来衡量。模糊、抽象的目标难以评估其完成程度,也无法对职业发展起到应有的指导作用。例如,“成为一名优秀的工程师”就是一个过于笼统的目标,而“在三年内通过工程师职称考试”则是一个可测的具体目标。

可达性原则强调职业目标要与个人的能力、条件相匹配,既要有一定的挑战性,又不能脱离实际。设定超出自身能力太多的目标容易导致受挫和放弃,而过低的目标又难以激发进取心。合理的目标应该在认真分析自我优劣势、外部机会威胁的基础上,从实际出发,循序渐进地提出。

相关性原则指出职业目标应该与个人的价值观念、兴趣爱好相一致,这是保持职业发展持久动力的基础。如果目标与内心追求相悖,即使暂时取得成绩,最终也难以收获职业幸福感。同时,职业目标还应与所学专业、社会需求相契合,这样才能发挥自身优势，抓住外部机遇。

时限性原则要求职业目标必须明确截止期限。没有时间约束的目标容易被搁置和遗忘，难以督促行动。因此，在设定长期目标后，应将其合理分解为多个阶段性目标，明确每个阶段的时限和要求，以便及时检视进展，调整策略。

二、长期目标与短期目标的设定

（一）设定长期目标的关键因素

1. 职业愿景

职业愿景反映了个人对未来职业的憧憬和期望，它是驱动职业发展的内在动力。一个明确、鼓舞人心的职业愿景能够激发个人的潜能，帮助其克服职业发展道路上的种种困难。在设定长期目标时，个人需要思考自己希望在职业生涯中达到什么样的高度，扮演什么样的角色，实现什么样的价值。

2. 成长潜力

成长潜力是指个人在特定职业领域内的发展空间和上升可能。它受到诸多因素的影响，如个人的知识技能储备、职业领域的发展前景、组织环境的支持度等。在设定长期目标时，个人需要客观评估自身的优势和不足，选择能够最大限度发挥自己潜力的职业方向。同时，要关注职业领域的发展趋势，把握时代脉搏，在富有前景的领域中寻找机会。

3. 风险评估

任何职业选择都存在一定的风险和不确定性，如职业转型的阻力、市场环境的变化、个人能力的局限等。在设定目标时，个人需要充分考虑这些风险因素，权衡利弊得失。通过客观的风险评估，个人可以预判职业发展道路上可能遇到的挑战，提前做好应对准备。同时，风险评估还能帮助个人调整目标，选择风险相对可控、胜算更大的职业发展路径。

(二)短期目标的实现对长期目标影响

短期目标的实现对于最终达成长期目标至关重要。长期目标往往是个人职业生涯的终极愿景,如成为某个领域的专家、创办一家成功的企业等。这些目标看似遥不可及,但只要通过合理规划,将其分解为一个个具体、可操作的短期目标,并脚踏实地地逐个完成,长期目标终将变为现实。

在设定短期目标时,应充分考虑其与长期目标的关联性。每一个短期目标都应是通向长期目标的一块基石,为最终实现长期目标奠定必要的知识、技能和经验基础。例如,一名立志成为优秀管理者的大学生,可以将参与学生会工作、在社团中担任领导角色作为短期目标。通过这些实践锻炼领导力、沟通能力和决策力,为未来的管理岗位做好准备。

在朝着长期目标迈进的过程中,短期目标的完成情况可以作为重要的评估指标。定期回顾和总结短期目标的实施进展,能够帮助个人及时发现计划执行中的偏差,分析问题的原因,并据此调整和优化后续的行动方案。这种动态循环式的目标管理,有助于保持职业发展的正确方向,提高目标达成的效率和质量。

短期目标的实现能为个人带来持续的成就感和自信心。当一个个阶段性目标被攻克时,成功的喜悦会激励着个人不断前行。这种正向的心理体验不仅能提升工作的投入度和创造力,更是维系长期奋斗的重要动力。

三、职业目标与个人价值观的契合

(一)个人价值观与职业目标的关系

价值观是个体对事物意义和重要性的判断,它反映了一个人的信仰、态度和追求,是其行为选择的内在驱动力。职业目标则是个人在职业生涯中希望达成的阶段性成果，它体现了个人的职业理想和发展方向。

个人价值观对职业目标的设定具有重要影响。一方面，价值观决定了个人对职业的认知和态度。不同的价值取向会让个人对各行各业有不同的评判标准。例如，重视利他主义的人可能更倾向于从事教育、医疗等助人行业；注重个人成就的人则可能希望在商业领域有所建树。价值观的差异使人们对职业有着主观的判断，进而影响其职业选择。另一方面，个人价值观影响着个人在职业发展中的决策和行为。当人们面临职业选择的岔路口时，价值观往往是他们考量利弊得失的重要依据。那些能够匹配个人价值追求的选项，更容易得到青睐。

职业目标的设定能够促进个人价值观的升华。一个有价值、有意义的职业目标，不仅是对个人专业能力的考验，更是对其人格品质、价值追求的检视。在为理想而奋斗的过程中，个人必然会对自己的价值观念进行反思和重塑。那些经受住考验的信念，会得到强化；一些浮躁肤浅的想法，则可能被抛诸脑后。职业生涯的历练，使个人价值体系日臻完善。

个人价值观和职业目标是相互交织、彼此塑造的。前者是后者的内在动力，后者又对前者产生反作用。二者的匹配与协调，对于个体的职业发展至关重要。只有建立在价值观基础之上的职业目标，才具有真正的持久动力；也只有在职业实践中升华的价值观念，才能助推个人不断迈向更高远的目标。

（二）评估与明确个人价值观的方法

价值观测试是评估个人价值观的有效工具。通过回答一系列设计精良的问题，个人可以对自己的价值偏好有一个全面、系统的认知。常见的价值观测试包括罗克奇价值观调查量表、斯普兰格价值观量表等。

除价值观测试外，深度自我反思也是明确价值观的重要途径。反思需要个人跳出日常事务，用批判性思维审视自我，挖掘内心深处真正看重的东西。这一过程可以通过书写反思日志、与他人讨论分享等方式进行。在反思中，个人应该回顾影响自己价值观形成的重要经历，探寻自我对事业、家庭、金钱、地位等事物的真实态度,思考什么样的生活状态能给自己带来持久的满足感。同时,反思需要结合社会发展需求,权衡个人价值追求与外部环境的匹配度。只有立足现实,深度反思,才能找到个人价值观的“支点”,做出明智的职业选择。

深入认识个人价值观,需要客观测试与主观反思的有机结合。测试能够从理论框架出发,用相对客观的数据呈现个人价值取向,反思则从主观体验和经历入手,挖掘价值观的情感基础。二者相辅相成,共同推动个人价值观的自我认知。

(三)将价值观融入职业目标设定

将个人价值观融入职业目标的设定,能够实现个人内在需求与外部职业追求的统一,是实现职业发展与个人满足双赢的关键。

个人价值观对职业目标的设定具有重要的指引作用。每个人对工作的意义和目的有着不同的理解,这种差异源于个人独特的价值取向。有的人追求物质报酬,有的人渴望社会地位,有的人向往自我实现。这些价值诉求构成了个人职业选择的重要依据。当一个人的职业目标与其价值观相悖时,他往往难以在工作中获得满足感和成就感。反之,如果职业目标与价值观相契合,个人就会怀着饱满的热情投入工作,并在实现组织目标的同时获得自我价值的体现。因此,在设定职业目标时,应该以个人价值观为基础,选择能够实现自我价值的职业方向和发展路径。

将个人价值观融入职业目标,有助于增强个人的职业动机和工作热情。当工作被赋予个人意义时,它不再是谋生的手段,而是实现自我价值的途径。个人会全身心地投入工作中,主动承担责任,勇于面对挑战。这种发自内心的动力,远胜于外部压力和物质诱惑。同时,将个人价值观与职业目标相结合,还能够帮助个人在面临职业选择和发展困境时做出正确决策。当外部环境发生变化,原有的职业目标难以实现时,坚守个人价值观能够为个人指明前进的方向,帮助其重新审视自我,调整职业规划。

第三节　制定职业发展路径

一、职业发展路径的概念及作用

（一）职业发展路径的概念

职业发展路径是指个人根据自身的职业目标和市场需求，制订的职业生涯规划和发展轨迹。它是个人职业生涯中的一条清晰的脉络，串联起教育、培训、工作等各个环节，最终指向理想的职业目标。科学、合理的职业发展路径能够为个人的职业生涯导航，提高职业发展的针对性和有效性。

职业发展路径的制定需要综合考虑个人的兴趣、特长、价值观等因素。每个人都有自己独特的人格特质和能力禀赋，这些特质和禀赋在很大程度上决定了个人适合从事什么样的职业，能够在哪些领域做出成就。因此，个人在规划职业发展路径时，要充分认识和挖掘自我，明确自身的优势和不足，选择能够发挥自身特长、实现自我价值的职业方向。同时，个人的职业价值观是影响职业选择的重要因素。有的人追求高薪和名利，有的人重视工作的稳定性和安全性，有的人希望在工作中实现自我和解，获得成就感。不同的价值取向会使个人在职业发展的关键节点做出不同的选择。

职业发展路径的制定需要紧密结合社会需求和行业发展趋势。随着科技的进步和经济的发展，许多新兴行业和职业应运而生，传统行业也在不断转型升级，对人才的需求发生着深刻变化。个人在制定职业发展路径时，要密切关注市场动态，准确把握行业发展趋势，提前做好知识和技能的储备，以适应未来职场的需要。特别是在“互联网+”和人工智能快速发展的背景下，跨界融合、知识更新的步伐不断加快，市场对复合型、创新型人才的需求日益增长。个人要树立终身学习理念，不断拓宽知识面，提升综合素质，以更好地适应时代发展的需求。

职业发展路径的制定需要个人在职业生涯的不同阶段进行反复论证和必要调整。一方面,个人要根据阶段性目标的达成情况,及时总结经验教训,调整职业发展策略;另一方面,个人要密切关注外部环境的变化,根据市场需求和自身条件的变化,对职业发展路径进行动态优化。在这个过程中,个人要勇于尝试,敢于突破,以开放、包容的心态对待职业生涯中的各种可能性,不断开拓职业发展的新路径、新领域。

(二)职业发展路径的作用

职业发展路径充当着引领职业生涯的指南针,为大学生规划未来、实现自我价值提供了重要参照。在学业与事业的交汇点上,明确职业发展路径的多重作用,对于大学生全面发展和成长成才具有深远意义。

科学规划的职业发展路径能够为大学生的职业规划提供明确的方向和目标。面对纷繁复杂的职业世界,大学生通过系统梳理个人特质、市场需求等因素,制定切实可行的职业发展路径,能够厘清思路,确立清晰的奋斗目标。当未来发展方向越发明朗,大学生也就拥有了砥砺前行的动力和勇气。

合理设计的职业发展路径有利于促进大学生的自我认识和全面成长。在探索职业方向的过程中,大学生需要深入审视自我,挖掘内在潜力,认识自身优势和不足。这种自我觉察不仅有助于职业选择,更是催生自我成长的契机。基于职业发展需要,大学生将更加注重知识的深度学习和实践技能的锤炼,在与社会接轨中加速成熟。由此,职业发展路径成为连接自我提升和社会需求的桥梁,引导大学生在成长中不断完善自我。

前瞻性的职业发展路径能够提升大学生在未来职场的竞争力。随着社会分工愈加细化、技术更迭愈发迅速,职业竞争日趋激烈。只有立足长远,把握时代脉搏,提前做好职业发展规划,大学生才能在瞬息万变的职场中立于不败之地。通过对职业前景、岗位要求、能力需求等因素进行前瞻性分析,大学生能够及时调整学习重心,提升核心竞争力。

二、职业发展路径的选择依据

(一)个人优势与职业兴趣的对接

每个人都有自己独特的天赋、能力和兴趣爱好,这些特质构成了个人的优势。在职业规划中,大学生应该充分认识并发掘自己的优势所在,将其与职业兴趣相结合,选择最能发挥自身潜能、实现自我价值的职业发展路径。

自我认知是个人优势挖掘的基础。大学生要全面审视自己在知识、技能、性格等方面的强项和不足,勇于面对自我,善于从他人反馈中获得启发。同时,要主动尝试不同领域的实践活动,在实践中不断发现自己的潜力和特长。例如,参与志愿服务、社团活动、创新创业项目等,能帮助大学生深入了解自己,发掘内在优势。

职业兴趣是引导职业选择的内在动力。个人的兴趣爱好往往与其价值取向、人格特质密切相关,因此职业兴趣对职业选择具有重要的指引作用。大学生在进行职业规划时,要认真思考自己真正感兴趣的领域和行业,对照个人优势进行权衡,在双重考量的基础上做出选择。一方面,从事自己感兴趣的工作,能使个人充满激情和动力,在工作中获得更多成就感和满足感;另一方面,个人的内在优势与职业要求的匹配,能使其才能得到充分施展,在职业生涯中实现更大的发展。

(二)市场需求与未来趋势的分析

通过深入了解市场动态和行业前景,大学生能够做出更加明智和长远的职业决策。这不仅有助于个人职业生涯的发展,也能够为社会经济的进步贡献力量。

随着科技的飞速发展和经济结构的不断调整,许多新兴行业和职业应运而生。这些领域往往代表着未来发展的方向,蕴含着巨大的机遇和潜力。例如,人工智能、大数据、生物医药等前沿技术领域,正在引领着新一轮的产业创新发展,对相关人才的需求日益增长;随着人们生活水平的提高和消费观念的转变,文化创意、健康养生、高端服务等行业也呈现出强劲的发展势头。大学生要紧跟时代步伐,主动了解和把握这些新兴领域的发展动向,以抢占职业发展的先机。

传统行业的转型升级带来了新的就业机会。在"互联网+"的大背景下,许多传统产业正在积极拥抱数字化、智能化,这就需要一大批具备跨学科知识和创新能力的复合型人才。例如,智慧农业、智能制造、现代物流等领域,都在积极探索传统业态与新技术的深度融合,为大学生提供了广阔的职业舞台。大学生要主动适应产业转型升级的新趋势,不断拓宽自己的知识视野和能力边界。

三、职业发展路径的风险评估与应对

(一)职业发展风险的种类与识别

从个人角度来看,职业发展风险主要包括能力不足、知识结构失衡、职业定位模糊等。当个人的知识和技能无法满足岗位要求时,就可能面临失业或停滞不前的风险。同时,如果个人的知识结构过于单一,缺乏跨领域的学习和实践,会限制其职业发展的空间。职业目标不明确、职业规划缺失,也是个人职业发展的重大风险。没有清晰的职业定位和发展路径,个人很容易在职场中迷失方向,错失发展机会。

职业发展风险主要源于行业变革、技术进步、经济周期等外部因素。随着新技术、新模式的不断涌现,许多传统行业正在经历转型,部分岗位面临被淘汰的风险。同时,经济的周期性波动会对就业市场产生重大影响,经济下行期失业风险显著上升。全球化趋势加剧了人才竞争,跨国公司和外籍人才的进入,对本土从业者形成了新的挑战。

面对这些风险,大学生要树立风险意识,提高风险管理能力;要加强自身学习,提升专业素养,紧跟行业发展前沿,不断拓宽知识面,增强核心竞争力;还要重视职业生涯规划,明确职业发展目标,制订阶段性计划,增强职业发展的主动性和计划性。同时,大学生要密切关注市场动态,及时调整职业发展策略,提高应对风险的灵活性和适应性。

(二)风险应对策略的制定

制定科学合理的风险应对策略,不仅需要个人具备敏锐的风险意识和预判能力,更需要掌握一系列实用的技巧和思维模型,以便在风险来临时从容应对。

从个人层面来看,增强风险意识是应对职业发展风险的基础。这要求个人时刻保持警惕,主动识别可能影响职业发展的各类风险因素。例如,技能的迭代更新、行业的结构性调整、就业市场的供需变化等,都可能给个人职业发展带来不确定性。只有对这些风险因素有清晰的认知,才能提前做好应对准备。

在识别风险的基础上,需要运用一系列实用技巧来控制和化解风险。其中,制订职业发展的备用方案是一项重要技巧。通过设计多条可替代的职业路径,可以有效分散单一路径带来的风险。即使某个领域或岗位出现重大变故,也能够及时调整方向,把握其他机会。同时,持续学习和自我提升是化解职业发展风险的有效途径。通过不断更新知识和技能,提升核心竞争力,可以增强个人应对不确定性的能力,在动荡的职场环境中立于不败之地。

除了实用技巧,一些科学的思维模型也是控制职业发展风险的利器。预演模型是一种有效的风险管理工具。通过在头脑中模拟各种可能的风险场景,预演应对措施及其效果,可以提高风险来临时的反应速度和决策质量。同时,概率思维用概率的眼光看待风险,理性地评估风险发生的可能性及影响,避免非黑即白的思维定式。通过学习和内化这些思维模型,可以构建起一套行之有效的风险管控体系,为职业发展保驾护航。

第三章　大学生就业指导概述

第一节　就业指导的意义与作用

一、就业指导的概念与意义

(一)就业指导的概念

就业指导是一项复杂而系统的工作,它涉及对学生就业观念的引导、就业能力的培养、就业信息的提供等多个方面。其中,帮助学生正确理解就业市场和自我职业定位是至关重要的一环。学生只有对就业市场有了清晰、全面的认识,才能根据自身特点和优势进行合理的职业规划,找准自己在就业市场中的位置。

就业市场是一个动态变化的系统,受经济发展水平、产业结构调整、政策导向等多重因素影响。学生要准确把握就业市场的脉搏,需要持续关注相关信息,深入分析各行业、各领域的发展趋势及用人需求。同时,要立足区域经济特点,了解本地就业形势。

自我职业定位是学生职业生涯规划的起点。要实现精准定位,学生首先要对自己有一个全面、客观的认识。这不仅包括学习成绩、专业技能等硬实力,还包括兴趣爱好、性格特点、价值追求等软实力。在此基础上,学生要将自身优势与就业市场需求相结合,找出二者的契合点,确定适合自己的职业方向。这一过程需要理性思考和反复权衡,避免盲从和随意。

就业指导教师要引导学生树立正确的就业观,从个人兴趣和专长出发,寻找能够实现自我价值、获得发展机会的工作。教师还要帮助学生提高职业生涯规划的能力,学会从长远角度审视自己的职业发展。通过系统的职业测评,学生可以更加清晰地认识自己的特点和不足,进而有针对性地提升职业技能,增强就业竞争力。

就业指导教师要关注学生的心理状态,及时疏导就业焦虑。面对复杂多变的就业形势,学生难免会产生迷茫、彷徨、急躁等负面情绪。就业指导教师要用发展的眼光看待就业问题,引导学生正确对待挫折和困难,保持乐观、积极的心态。通过个别谈话、案例分析等方式,帮助学生增强自信心,提升抗挫折能力。

(二)就业指导的意义

就业指导是引导大学生准确认识自我、科学规划职业生涯的关键环节。通过系统的职业生涯教育和咨询辅导,就业指导能够帮助学生全面了解自身的兴趣特长、价值取向,明晰职业发展方向,树立正确的就业观和择业观。在此基础上,学生能够根据自身特点和职业需求,有针对性地学习专业知识,培养必要的职业技能,提升综合素质和就业竞争力。因此,就业指导在促进大学生职业发展、实现人生价值方面发挥着基础性、导向性的作用。

就业指导是实现教育资源与社会需求有效对接的重要纽带。一方面,就业指导通过搭建高校与企业之间的沟通桥梁,为大学生提供多样化的就业渠道和实践平台,拓宽其职业视野和发展空间。同时,就业指导部门还可以根据社会需求和产业发展趋势,为学校人才培养提供决策参考,促进专业设置、课程内容与市场需求的动态调整。另一方面,高质量的就业指导有助于提升高校毕业生的就业质量,减少人才资源的浪费和闲置,为社会经济发展提供智力支持和人才保障。因此,就业指导在优化人力资源配置、维护社会稳定等方面发挥着不可忽视的作用。

就业指导肩负着传递职业价值观、弘扬职业精神的重要使命。在就业指导过程中,教师不仅要帮助学生掌握必要的求职技巧和职场规则,更要引导其树立正确的职业价值取向,如诚实守信、敬业奉献、团结协作等,使其成为德才兼备的高素质人才。同时,就业指导还应注重培养学生的职业精神,如工匠精神、企业家精神等,激发其创新创业的热情和动力,为社会发展注入不竭动力。

二、就业指导对大学生职业发展的促进

(一)提升职业适应性

通过系统化的指导和培训,就业指导能够帮助大学生更快地适应职场环境,掌握必要的职业技能和职业素养。就业指导课程通常涵盖职业生涯规划、求职技巧、职场沟通、团队协作等方面的内容。这些知识和技能的习得,能够使大学生在进入职场后更加自信、从容,减少因不适应而产生的焦虑和困惑。

就业指导能够引导大学生正确认识职业价值观,树立良好的职业道德。在现代社会,职业价值观的塑造对于个人职业发展至关重要。就业指导通过案例分析、情景模拟等方式,帮助大学生理解诚信、责任、奉献等职业道德准则,并将其内化为自身的行为准则。这种价值观的引导,不仅有利于大学生个人的职业发展,也有助于营造良好的社会职业环境。

就业指导能够帮助大学生实现身份转变,尽快从学生角色过渡到职场角色。大学生在校期间,主要以学习为主,生活相对简单。而一旦步入职场,他们需要面对复杂的人际关系、高强度的工作压力、不断变化的外部环境。这种角色转变往往会给大学生带来不小的心理冲击和适应困难。就业指导能够通过心理辅导、职场模拟等方式,提前让大学生了解职场的真实情况,做好心理准备,从而更加平稳地实现角色转变。

就业指导能够帮助大学生建立起职业发展规划,明确自己的职业定位和发展方向。职业规划能够引导个人根据自身特点和外部环境,确立职业目标,制订行动计划,并付诸实践。就业指导通过个性化的职业咨询和指导,帮助大学生全面认识自我,了解职业世界,进而建立起科学、合理的职业发展规划。这种规划意识的树立,能够使大学生的职业发展更加主动、积极,避免盲目、随意的职业选择。

就业指导对于提升大学生职业适应性的作用,是一个循序渐进、持续深入的过程。高校应加强就业指导课程的系统化设计,丰富指导内容和形式,提高指导

的针对性和实效性。同时,就业指导应贯穿于大学教育的全过程。

(二)增强职业竞争力

就业指导通过提升大学生的职业竞争力,为其在竞争激烈的人才市场中脱颖而出提供了有力支撑。在知识经济时代,企业对人才的要求不再局限于专业知识和技能,而是更加注重员工的综合素质和创新能力。因此,就业指导要与时俱进,根据市场需求动态调整指导内容和方式,帮助学生全面提升自身竞争力。

就业指导着眼于培养学生的核心就业能力,如沟通表达、团队协作、问题解决、自主学习等。这些能力不仅是职场生存和发展的必备素质,也是终身学习和可持续发展的重要基础。就业指导通过开展形式多样的实践活动,如社会实践、志愿服务、模拟面试等,为学生提供锻炼和展示能力的平台。同时,就业指导要引导学生树立正确的职业价值观,如敬业精神、诚信意识、责任担当等,使其成为德才兼备的优秀人才。

就业指导注重引导学生了解行业发展动态和企业用人需求,开阔职业视野。通过举办职业生涯规划讲座、行业分析报告会等活动,引导学生及时掌握就业市场信息,明确职业发展方向。同时,鼓励学生利用假期、课余时间参加社会实践和职业体验,深入一线,了解企业文化和运作模式,增强职业适应能力。

三、就业指导对社会经济发展的影响

(一)促进就业市场稳定

通过提供科学、系统的就业指导服务,高校可以有效地引导大学生树立正确的就业观,掌握求职技能,提高就业竞争力,最终实现人才供需的有效匹配,维护就业市场的良性运行。

从宏观层面来看,高校就业指导工作对于平衡人才供需、降低失业率具有积极意义。一方面,高校可以通过开设就业指导课程、举办招聘会等方式,及时向大学生传递就业市场信息，帮助其了解社会需求，明确职业发展方向。这不仅有利于缓解“招工难”和“就业难”的结构性矛盾，也能够引导大学生向社会急需的行业和地区流动，优化人力资源配置。另一方面，高校可以通过跟踪调查、数据分析等方式，及时掌握大学生就业状况和用人单位需求变化，为政府制定就业政策、调控就业市场提供决策参考。

从微观层面来看，就业指导工作对于提升大学生就业质量、实现充分就业至关重要。由于不少大学生存在就业期望偏高、职业认知模糊等问题，导致“慢就业”甚至“不就业”现象凸显。针对这种情况，高校就业指导工作应着力加强职业生涯教育，帮助大学生树立正确的职业价值观，引导其从自身实际出发，理性认识职场，积极应对挑战。同时，就业指导部门还应有针对性地开展求职技能培训，提高学生的简历制作、面试表现等求职能力，增强其就业竞争力。

（二）提升大学生就业质量

高校大学生就业质量的提升，有赖于高校教育质量的不断改进。高校应根据社会需求和产业发展趋势，及时调整专业设置，优化课程体系，更新教学内容，培养适应社会需要的高素质人才。同时，高校还应加强实践教学环节，通过校企合作、实习实训等方式，增强学生的实践能力和就业竞争力。

高校大学生就业质量的提升，离不开就业指导服务体系的完善。高校应建立专业化、个性化的就业指导服务机制，为大学生提供职业规划、求职技能培训、心理辅导等多方面支持。通过开设就业指导课程、举办招聘会、搭建就业信息平台等措施，帮助大学生准确定位，找准方向，提高求职成功率。同时，高校还应加强与用人单位的沟通合作，为大学生提供更多优质就业岗位，拓宽就业渠道。

高校大学生就业质量的提升，需要社会各界的共同努力。政府应制定优惠政策，鼓励企业吸纳高校大学生就业，为其创造良好的就业环境。企业应承担社会责任，提供更多适合高校大学生的就业岗位，并建立完善的职业发展通道，为其长远发展提供保障。家庭和个人也应转变就业观念，树立正确的职业价值观，以积极乐观的心态面对就业挑战。

(三)支撑经济发展

通过专业化的就业指导,高校可以帮助学生准确定位自我,挖掘个人潜力,明确职业发展方向。在就业指导过程中,学生能够系统地了解就业市场的现状和趋势,掌握求职技巧和策略,提升职业素养和就业竞争力。同时,就业指导还能引导学生树立正确的就业观和择业观,合理调整就业期望,以积极乐观的心态面对就业压力和挑战。这不仅有利于提高学生的就业质量,实现个人职业理想,更有助于促进人力资源的合理配置,推动经济社会的健康发展。

高素质人才是经济增长的核心驱动力。随着知识经济时代的到来,人才在经济发展中的作用日益凸显。高校作为培养高素质人才的主阵地,肩负着为经济建设输送优秀人才的重任。就业指导则是高校人才培养和输送的关键环节。通过针对性的就业指导和服务,高校可以帮助学生实现从学校到职场的平稳过渡,为其职业生涯发展奠定坚实基础。具备良好职业素养和就业能力的高校毕业生,不仅能够适应快速变化的职场环境,在工作中充分发挥自身才智,为企业创造更大价值,而且能够以创新思维和创业精神推动行业发展,创造更多就业机会,为经济增长注入新的活力。高素质人才的数量和质量在很大程度上决定了一个国家或地区经济发展的速度和高度。

专业化就业指导能够促进教育资源的优化配置,提高人力资本投资的效率。通过全面分析人才供需状况,准确把握市场需求和发展趋势,高校可以及时调整专业设置和人才培养方案,使人才培养更加契合经济社会发展需要。同时,就业指导还能引导学生根据自身特点和社会需求选择适合的专业和职业,避免盲目跟风和无目的学习,减少人才培养的盲目性和低效性,从而最大限度地发挥教育资源的效用,提升人力资本投资的回报率。高效的人力资源开发和配置,不仅能够满足经济发展对各类人才的需求,还能进一步优化产业结构和就业结构,推动经济向高质量发展转变。

第二节　就业指导的内容与形式

一、就业指导的核心内容

(一)市场趋势与行业洞察

市场趋势分析与行业洞察教育为学生提供了全面了解就业市场动态、把握行业发展方向的机会。在社会经济快速发展的背景下,就业市场呈现出日新月异的特点,新兴产业不断涌现,传统行业也在经历转型升级。面对如此复杂多变的就业形势,学生迫切需要掌握分析市场趋势、洞察行业动向的能力,以便做出明智的职业选择,开启成功的职业生涯。

为了帮助学生准确把握就业市场脉搏,高校就业指导工作应着力加强市场趋势分析与行业洞察教育。就业指导教师要及时更新知识结构,深入了解国内外经济社会发展现状,紧跟时代发展步伐。只有教师具备敏锐的市场嗅觉和前瞻性思维,才能引导学生准确理解市场供需动向,把握产业转型升级带来的机遇。高校要积极开发市场趋势分析与行业洞察的相关课程,系统传授学生相关知识与技能。课程内容应涵盖宏观经济形势解析、区域产业布局、行业发展历程、企业用人需求等多个维度,同时注重理论与实践的结合,通过案例分析、实地调研等方式提升教学实效。高校还应搭建产学研互动平台,邀请行业专家、企业领袖等各界人士走进校园,为学生分享前沿资讯、解读发展趋势,拓宽学生视野。

市场趋势分析与行业洞察教育应引导学生主动收集和利用就业信息。在信息时代,及时、全面地获取就业市场动态至关重要。学生应养成通过权威渠道、可靠平台搜集就业信息的习惯,并学会甄别信息的真伪,提高信息辨析能力。同时,高校可以为学生提供信息检索、数据挖掘等方面的指导,提升其调研分析能力。学生还应主动参与各类行业论坛、招聘会等活动,通过与用人单位面对面交流，了解企业实际需求，感知行业最新动向。

市场趋势分析与行业洞察能力的提升离不开学生自身的努力。就业指导教师要引导学生树立终身学习理念，培养持续关注经济社会发展、自主更新知识结构的意识。同时，学生还要提高信息管理能力，善于从海量信息中提炼关键要素，形成系统的行业认知。

（二）职业规划与目标设定

职业规划与目标设定对于帮助学生明确职业发展方向，提高就业竞争力具有重要意义。在这一过程中，教师需要引导学生深入认识自我，探索职业兴趣和能力优势，并结合社会需求和个人特点制订合理的职业发展规划。

自我认识是职业规划的基础和前提。学生只有全面了解自己的性格特点、兴趣爱好、专业特长等，才能找准职业定位，选择适合自己的职业发展道路。教师可以通过个性测评、生涯访谈等方式，帮助学生深入挖掘内在潜力，认清自我优势和不足。同时，教师还应引导学生树立正确的职业价值观，明确职业发展的意义和目标，激发其职业生涯规划的内在动力。

职业目标的确立需要建立在对职业世界的深入认知之上。教师应引导学生广泛搜集职业信息，了解不同行业和岗位的特点、发展前景及所需的知识技能。通过举办职业生涯教育讲座、行业论坛等活动，邀请优秀校友和行业专家分享职场经验，帮助学生拓宽职业视野，了解职场现状和发展趋势。教师还可以引导学生走进企业，开展实习实践，亲身体验职场环境，增强职业认知的真实性和全面性。

合理的职业规划离不开科学的决策方法。教师应引导学生运用 SWOT 分析、决策平衡单等工具，全面权衡职业选择的利弊因素，做出理性判断。在这一过程中，学生需要综合考虑自身条件、社会需求、职业发展前景等多重因素，平衡个人兴趣和现实需要，制定切实可行的职业发展路径。同时，教师还应培养学生的决策自主性，鼓励其勇于尝试、敢于负责，成为职业生涯的主动规划者和实践者。

目标设定是职业规划的关键环节。教师应引导学生树立长远的职业理想,同时将其分解为阶段性目标,制订明确的行动计划。在设定目标时,教师要强调目标的具体性、可测性和可达性,引导学生采用SMART原则等科学方法,确保目标的可执行性。同时,教师还应帮助学生建立职业发展档案,定期回顾和调整目标,跟踪职业发展进程,及时调整职业规划。

(三)求职技能培养

1.简历制作技巧

一份精心设计、内容充实的简历能够让求职者在众多竞争者中脱颖而出,给招聘方留下良好的第一印象。因此,就业指导应重点教授学生简历制作的技巧,包括简历的基本结构、内容要素、语言表达等。教师可以通过案例分析、模拟训练等方式,帮助学生掌握简历制作的要领,提高其文字表达和自我推销的能力。教师还应引导学生根据不同企业、不同岗位的要求,有针对性地调整简历内容,突出自身优势和特点。

2.面试技巧

许多学生虽然具备扎实的专业知识和实践经验,但由于缺乏面试经验和技巧,往往在面试中表现得紧张、生涩,无法充分展示自己的实力。因此,就业指导应着力加强学生的面试技巧训练,通过情景模拟、角色扮演等方式,让学生掌握面试的基本流程和要领,学会如何在面试中突出自身优势,如何应对常见问题。教师还可以邀请企业人力资源专家进行现场指导,帮助学生了解企业的真实需求和选人标准,提高面试的针对性和实效性。

3.职场沟通能力

在日益重视团队合作和协同创新的现代职场中,良好的沟通能力已经成为衡量员工综合素质的重要指标。因此,就业指导应注重培养学生的职场沟通能力,包括倾听能力、表达能力、协调能力等。教师可以通过小组讨论、情景模拟等方式,营造真实的职场情景,让学生在实践中学会如何有效地与上级、同事、客户等不同群体进行沟通,如何通过沟通化解矛盾、达成共识。同时,教师还应引导学生注重提升自身的语言表达能力,学会运用准确、得体的语言进行交流,塑造良好的职业形象。

求职技能的培养既需要理论指导,更需要实践锻炼。因此,高校应积极搭建求职实践平台,为学生提供充足的实践机会。例如,学校可以举办模拟招聘会、职业生涯规划大赛等活动,让学生在模拟环境中锻炼求职技能;学校可以与企业合作,为学生提供实习、见习的机会,让其在真实的职场环境中积累经验、提升能力。通过理论与实践的紧密结合,学生的求职技能才能得到真正的提升,为未来的职业发展奠定坚实基础。

二、就业指导的常见形式

(一)一对一指导会谈

一对一指导会谈是大学生就业指导工作中最为个性化和针对性的形式。通过面对面的交流,就业指导老师能够深入了解每一位学生的职业兴趣、能力特长、个性特质等,从而提供量身定制的职业咨询和规划服务。这种“一对一”的指导模式能够最大限度地满足学生的个性化需求,帮助其明确职业发展方向,制订切实可行的职业规划。

在一对一指导会谈中,就业指导老师通过与学生的深度交流,全面收集其教育背景、工作经历、兴趣爱好、性格特点等信息。在此基础上,老师会运用职业生涯规划理论和职业评估工具,如霍兰德职业兴趣测验、斯特朗职业兴趣量表等,对学生进行系统的职业能力和兴趣测评。通过科学的分析和解释,老师能够帮助学生深入认识自我,挖掘内在的职业潜能和优势。

在明确学生的职业兴趣和能力的基础上,就业指导老师会根据其个人特点和就业市场需求,为其量身定制职业发展规划。这一规划通常包括确定职业目标、选择发展路径、制订行动计划等内容。在这一过程中,老师会充分考虑学生的实际情况和发展诉求,提供针对性的建议和指导。例如,对于有创业意向的学生,老师会介绍创业所需的知识技能和相关资源,帮助其评估创业风险,制订创业计划;对于希望从事专业对口工作的学生,老师会分析其专业优势和不足,提供针对性的求职技巧指导和模拟面试训练。

在一对一指导会谈中,就业指导教师要为学生提供情感支持和心理辅导。职业发展过程中难免会遇到困惑和挫折,尤其是在求职应聘阶段。就业指导老师要以同理心聆听学生的烦恼,帮助其疏导情绪,增强自信心和抗挫折能力。老师还要鼓励学生勇于尝试、敢于追梦,以积极乐观的心态面对职业发展中的种种挑战。

(二)就业讲座和工作坊

就业讲座通过邀请行业专家分享经验,能够帮助学生更直观、更深入地认识不同行业的特点和发展前景,了解相关职业的任职要求和发展路径,从而做出更加明智的职业选择。就业讲座不仅能够拓宽学生的职业视野,还能够帮助其建立起职业价值观和职业伦理意识。通过聆听优秀企业家、行业领袖的成长故事和人生感悟,学生能够领略职场人的奋斗历程和成功法则,感受劳动创造价值、贡献社会的崇高境界。这些宝贵的精神财富将成为激励学生不断进取、砥砺前行的力量源泉。

与就业讲座相比,工作坊的形式更加灵活多样,互动性也更强。在模拟面试、简历制作、职业生涯规划等主题工作坊中,学生以小组为单位,在专家的引导下开展实操练习,有针对性地提升求职技能。通过角色扮演等体验式学习,学生能够更加直观地感受职场的真实情境,积累实战经验。同时,小组成员之间的头脑风暴、经验分享有助于开阔思路、启发灵感。学生在互帮互助、共同进步的过程中,团队意识和合作精神也能得到锻炼和提升。

随着信息技术的迅猛发展,线上讲座和工作坊日益受到学生欢迎。相比于线下活动,线上形式突破了时空限制,学生可以根据自己的时间安排,灵活地参与学习。同时,线上平台还能够容纳更多的参与者,促进不同院校、不同专业学生之间的交流互鉴。优秀讲座的录播也为学生反复学习、温故知新提供了便利。因此,线上线下相结合已经成为就业指导讲座和工作坊的新趋势。

三、就业指导的课程设置

(一)职业规划基础课程

职业规划基础课程旨在帮助大学生系统地了解自我、认识职业、规划人生,为未来的职业发展奠定坚实基础。这门课程通常涵盖职业生涯规划的基本理论与方法,引导学生探索自身兴趣、价值观、技能等要素,分析职业发展趋势,明确职业目标,制订切实可行的行动计划。

在教学内容设计上,职业规划基础课程立足学生的认知发展水平和实际需求,兼顾理论的科学性与实践的针对性。一方面,课程要传授职业生涯规划的基本概念、理论模型和操作流程,帮助学生构建起系统完整的知识框架。例如,介绍霍兰德职业规划理论、施恩职业锚理论等经典理论,阐释个人特质与职业匹配的内在逻辑,讲解职业生涯规划决策技术的实施策略。另一方面,课程要紧密结合大学生群体的特点和需求,提供切实可行的实践指导。

职业规划基础课程注重培养学生的生涯管理能力和就业创业素养。在知识经济时代,职业发展呈现出更加多元化、动态化的特点,个人职业生涯也面临着更多的不确定性和挑战。因此,课程不应局限于传授一次性的职业决策技巧,而要着眼于学生可持续发展的能力建设。教师应引导学生树立终身学习理念,掌握信息检索、项目管理、人际沟通等通用技能,提高学习新知识、适应新环境的能力。同时,课程还应培养学生积极进取、敢于创新的意识,鼓励其用创业思维看待个人职业发展,增强其应对职业转型、把握发展机遇的勇气与智慧。

在教学模式创新上,职业规划基础课程的授课方式更加灵活多样,既发挥教师的引导作用,又调动学生的主动性。教师可以运用案例教学、翻转课堂等方法，激发学生兴趣，加深理论与实践的融合。例如，选取优秀校友的职业发展历程作为教学案例，引导学生剖析其中的关键决策和转折点，总结可借鉴的经验教训；开展角色扮演活动，组织学生分组扮演求职者与用人单位招聘者，通过情景模拟加深对职场环境和用人要求的理解。在互动研讨过程中，教师应鼓励学生畅所欲言，引导其多角度思考问题，启发其创新性思维。

（二）职业技能课程

职业技能课程通过提供简历制作、面试技巧、职业礼仪等方面的系统训练，帮助学生掌握求职过程中必备的实用技能，提升其职业竞争力和适应力。高校开设职业技能课程，对于增强学生就业信心、拓宽就业渠道具有重要意义。

简历制作是职业技能课程的核心内容。一份精心设计、内容翔实的简历是求职成功的敲门砖。职业技能课程重点教授学生如何根据不同行业、不同岗位的要求，有针对性地展示自己的学历背景、专业特长、实践经历等，使简历内容更加丰富、全面，同时又不失重点、突出个人优势。课程还指导学生在简历制作过程中注重美观、大方的版式设计，善用图表、色彩等视觉元素，以增强简历的吸引力和感染力。通过系统学习和反复训练，学生能够掌握简历制作的基本原则和技巧，为求职做好充分准备。

面试技巧是职业技能课程的重点内容。面试是用人单位考查应聘者综合素质的重要环节，也是应聘者展示自我、赢得认可的关键时刻。职业技能课程通过情景模拟、角色扮演等方式，帮助学生熟悉面试流程，掌握面试技巧。例如，课程可以设计模拟面试环节，学生分别扮演面试官和应聘者，通过彼此提问、应答，练习如何在面试中从容应对、有理有据地表达观点。教师还可以录制优秀面试案例，引导学生总结面试成功的经验，如仪表端庄、谈吐得体、逻辑清晰等，帮助其形成良好的面试习惯。通过反复演练，学生能够在真实面试场合中沉着应对、自信表现，为成功求职奠定基础。

职业礼仪是职业技能课程不可或缺的内容。职场是一个讲究规则、注重细节的特殊环境，良好的职业礼仪是职场人士必备的基本素质。职业技能课程重点培养学生的仪表修养、言谈举止、待人接物等方面的礼仪意识和礼仪技能。例如，课程可以邀请企业人力资源管理专家授课，讲解职场着装、问候、寒暄、会议礼仪等，使学生了解职场的基本规范和要求。教师还可以组织情景剧表演，引导学生在模拟职场环境中学习如何得体地微笑、握手、交谈，在潜移默化中内化职业礼仪。通过系统学习，学生能够熟悉并自觉遵守职业礼仪规范，在未来职场中塑造良好的个人形象和职业风范。

除上述核心内容外，职业技能课程还应根据社会需求和学生特点，适时拓展教学内容，如办公软件应用、职场文书写作、创业指导等，以全面提升学生的职业技能和就业竞争力。同时，课程还应注重教学形式的多样化，采用讲座、工作坊、实地考察等灵活方式，激发学生的学习兴趣，强化技能训练效果。

四、就业指导的实践活动

(一)模拟面试与案例分析

模拟面试还原真实的求职场景，使学生能够全面检验自己的就业准备情况，查缺补漏，不断完善和优化求职策略。案例分析则为学生提供了宝贵的经验借鉴，帮助其深入洞察职场规律，掌握面试技巧，增强求职信心。

在模拟面试环节，就业指导教师通常会扮演面试官角色，以近乎真实的方式考查学生的仪表举止、语言表达、应变能力等方面的表现。学生则需要根据面试情境，合理运用专业知识，表达个人见解，展示综合素质。在这一过程中，学生能够切身体会面试的严肃性和挑战性，认识到自身不足，进而有针对性地加以改进。模拟面试还能锻炼学生的心理素质，使其在面对未知和压力时保持冷静自信，沉着应对。

案例分析通过对优秀面试案例进行剖析，帮助学生把握成功面试的关键要素。教师通常会选取各行业的典型面试案例，引导学生从面试者的自我介绍、问题回答、现场表现等方面入手，归纳提炼面试技巧和经验。学生通过对比分析，能够领悟到恰当的自我定位、充分的准备工作、得体的仪表礼仪、流畅的语言表达、敏捷的思维反应等因素对面试成败的重要影响。案例分析还能拓宽学生视野,使其了解不同行业和岗位的面试特点,提前做好针对性准备。

模拟面试和案例分析需要与其他教学内容有机结合,形成完整的培养体系。例如,教师可以在职业规划、求职技能等课程中穿插模拟面试和案例分析,使学生将理论知识与实践运用相结合,加深理解和掌握。同时,教师还应根据学生的专业背景和就业意向,有针对性地设计模拟面试情景和选取案例,提高训练的针对性和实效性。

高校可以通过与用人单位合作,邀请企业人力资源专家参与模拟面试和案例分析,为学生提供更专业、更贴近市场需求的指导。企业专家不仅能够以招聘者的视角评估学生的面试表现,给出中肯建议,还能分享行业最新动态和用人标准,帮助学生及时调整求职策略。这种校企协同模式不仅能够提升就业指导的质量,还有利于建立长效的人才培养和输送机制。

(二)企业考察与实习安排

通过组织学生走进企业,亲身体验职场环境和工作氛围,学生能够更加直观、深入地了解专业知识在实际工作中的应用,加深对未来职业的认知和理解。这种身临其境的学习方式不仅能够激发学生的学习兴趣和职业热情,更能够帮助其建立起职业生涯发展的目标和方向。

在实地考察过程中,学生有机会与企业员工面对面交流,了解不同岗位的工作内容、职责要求和发展前景。通过观察员工的工作状态和业绩表现,学生能够更加清晰地认识到专业技能、职业素养在职场竞争中的重要性。这种认知上的转变将促使学生更加主动、刻苦地投入专业学习,努力提升自身的综合素质和就业竞争力。

除了认知层面的收获,实地考察还能够为学生提供宝贵的实践机会。许多企业都设有专门的实习岗位,供学生参与实际工作,锻炼专业技能。在实习过程中,学生需要运用所学知识解决实际问题,与团队成员协作完成任务,这些都是课堂学习难以替代的经验。通过亲身实践,学生能够发现自身知识和能力的不足，明确未来学习和发展的方向，为顺利完成学业、实现就业目标奠定坚实基础。

企业实地考察与实习安排是搭建校企合作、产教融合的重要桥梁。通过与企业建立长期、稳定的合作关系，高校可以及时获取人才市场需求信息，据此优化专业设置和课程体系，提高人才培养的针对性和适应性。同时，企业能够通过安排学生实地考察和实习，发现、选拔优秀的高素质人才，为企业发展储备新鲜血液。这种校企双赢的合作模式，不仅有利于提升高校就业指导工作的实效性，更能够促进区域经济社会的协调发展。

组织企业实地考察与实习安排需要就业指导工作者付出大量的时间和精力。首先，要选择与学校专业设置相匹配、与学生发展需求相适应的合作企业，这需要工作者具备敏锐的洞察力和广泛的社会资源。其次，要与企业充分沟通，制订周密的考察和实习计划，确保活动的安全性和实效性。再次，要加强对学生的管理和指导，引导其遵守企业规章制度、尊重企业文化，树立良好的职业形象。最后，要及时总结考察和实习活动的成效，发现问题、分析原因、完善措施，不断提升工作水平。

（三）招聘会与实习推介

招聘会和实习推介活动为毕业生与用人单位搭建了面对面交流的平台，有助于学生获取更多的就业信息和机会。通过组织各类招聘会，高校可以邀请知名企业来校宣讲，让学生近距离了解企业文化、发展前景和人才需求，帮助其进行职业生涯规划。针对性的实习推介则能让学生在校期间就接触职场，增强实践技能，积累工作经验，提高就业竞争力。

参与高校组织的招聘活动和实习项目，可以帮助企业建立良好的雇主品牌形象，吸引优秀人才。通过与高校的深度合作，企业能够及时发掘和培养潜力新星，优化人力资源配置，实现长远发展。一些企业会将招聘会和实习推介作为人才储备计划的重要组成部分，为企业选拔优质人才。

招聘会为其提供了解行业动态、了解企业需求的良机。通过参加现场宣讲、交流互动，学生能够直观感受不同企业的特色，评估自身的职业发展方向。一些招聘会还会提供就业指导讲座、简历指导等配套服务，帮助学生做好求职准备。针对性的实习推介更是让学生在真实的工作环境中历练自我，发掘潜力，找准人生定位。很多学生通过在实习单位的出色表现，收获了毕业后的工作机会。招聘会和实习推介为学生规划职业生涯、实现就业梦想铺平了道路。

组织招聘会和实习推介，需要高校就业指导部门的精心策划和细致安排。要广泛收集用人单位需求信息，有的放矢地邀请适合的企业参会，确保供需匹配度。要做好会前的各项准备工作，如场地布置、流程设计、人员分工等，营造良好的招聘氛围。在会后要及时收集学生和企业的反馈意见，总结经验教训，持续改进活动质量。对于实习推介，高校还要严格审核实习单位资质，签订实习协议，强化过程管理和考核评价，切实维护学生权益。

第三节　个性化就业指导的实施

一、个性化就业指导概述

个性化就业指导是一种以学生为中心、因材施教的就业指导模式。它旨在根据每位学生的独特特点和需求，为其量身定制科学、合理的就业指导计划。传统就业指导模式往往采取统一的标准和方法，忽视了学生的个体差异，难以真正满足学生的实际需求。个性化就业指导则充分尊重学生的主体地位，关注其兴趣爱好、专业特长、职业倾向等因素，力求为每一位学生提供最适合的职业发展路径。

个性化就业指导的实施，需要教师深入了解每一位学生。这不仅包括学生的学业成绩、专业知识，还包括其性格特点、价值观念、家庭背景等。只有全面把握学生的整体情况，才能准确识别其个性特征和发展需求。在此基础上，教师可以运用心理测评、职业兴趣测试等科学工具，进一步明晰学生的职业倾向和发展方向。通过将学生的个人优势与社会需求相结合，教师能够为其勾勒出清晰、可行的职业发展蓝图。

个性化就业指导方案的制订,是一个系统、严谨的过程。它需要教师综合考虑学生的就业目标、能力水平、发展潜力等因素,科学设计职业规划路径。制订个性化就业指导方案需要经过以下关键步骤:首先,明确学生的就业目标,引导其树立正确的职业价值观;其次,基于学生的兴趣特长和市场需求,选择合适的职业发展路径;最后,针对学生的具体情况,定制切实可行的就业策略和行动方案。个性化就业指导方案不仅包括专业领域、行业选择等宏观层面的内容,还涵盖了求职技巧、面试指导等微观层面的要素。

个性化就业指导的有效实施,离不开丰富的教育资源支持。学校应积极整合校内外各类资源,为学生提供全方位的就业指导服务。一方面,学校可以充分利用校内的师资力量、实践平台等,开展职业生涯教育、就业能力培训等活动。另一方面,学校应与企业、社会组织等建立紧密合作,为学生提供实习见习、职场体验等机会。通过校企合作、产教融合等方式,学校可以为学生搭建起通往职场的桥梁,帮助其在理论学习和实践锻炼中掌握职业技能,积累就业经验。同时,学校还可以引入社会资源,如行业专家、职业导师等,为学生提供更加专业、权威的就业指导。

个性化就业指导是一个动态、持续的过程。它需要教师与学生共同努力,在实践中不断完善。在指导过程中,教师应密切关注学生的成长变化,及时调整指导策略和方法。通过与学生的深入沟通和互动,教师可以更加准确地把握其职业发展需求,为其提供更加精准、有效的指导服务。同时,教师还应建立完善的跟踪评估机制,定期了解学生的就业状况和发展情况。通过收集学生反馈,分析存在的问题,教师可以不断优化个性化就业指导方案,提升指导的针对性和实效性。

二、大学生个性特点识别与就业需求分析

(一)个性特点识别

识别大学生个性特点是开展个性化就业指导的重要前提。只有深入了解每

一位学生的兴趣爱好、性格特征、专业特长等,才能有针对性地提供符合其发展需求的就业指导服务。

在实践中,心理测评和职业兴趣测试是两种行之有效的识别方法。心理测评是运用科学的心理学原理和方法,通过标准化的测验工具对个体心理特征进行客观、全面评估的过程。在个性化就业指导中,教师可以借助权威的人格测验量表,深入剖析学生的性格特点、情绪状态、行为风格,从而掌握学生的心理素质和适应能力。职业兴趣测试则是通过专门针对职业倾向的测评工具,如霍兰德职业兴趣量表、斯特朗职业兴趣量表等,揭示学生在现实型、研究型、艺术型、社会型、企业型、常规型等不同职业类型上的匹配程度,为其职业定位提供重要参考。通过科学的心理测评,教师能够较为全面、客观地了解学生的个性特点,判断其优势领域和发展潜能,进而为其提供个性化的就业指导。

心理测评和职业兴趣测试为个性化就业指导提供了重要的信息来源和决策依据,但在实际应用中仍需注意以下要点:第一,任何测评工具都有其局限性,测试结果只能作为了解学生的一个视角,不能完全替代师生之间的交流沟通。第二,测评结果的解读需要一定的专业性,教师应加强相关理论学习,提高测评工具使用的规范性和准确性。第三,测评不是目的,而是开展个性化就业指导的手段,关键在于如何根据测评结果设计切实有效的指导方案。第四,个性化就业指导应坚持发展的眼光,尊重学生的主体性,在提供专业意见的同时,更要激发学生自主探索、自我认识的意识和能力。

(二)就业需求分析

大学生就业需求的分析需要综合考虑个人优势和市场需求两个维度。个人优势包括学生的专业知识、实践技能、个性特点等内在因素,市场需求则涵盖了社会经济发展趋势、行业人才需求、地域特点等外部因素。只有将二者有机结合,才能为学生量身定制切实可行的就业指导方案。

在分析个人优势时,需要从多个角度入手。第一,要全面评估学生所学专业知识的深度和广度,挖掘其学科背景可能带来的独特优势。例如,对计算机专业学生而言，扎实的编程能力和对前沿技术的掌握，能够为其在IT行业就业创造有利条件。第二，要重视学生在校期间的实践经历，如实习、社团活动、志愿服务等，这些都能够帮助其积累工作经验，提升职业素养。第三，个性特点是不容忽视的因素。每个学生都有自己独特的性格、兴趣和价值观，挖掘这些特点有助于其找准职业定位，选择适合自己的发展路径。

在分析市场需求时，应立足宏观和微观两个层面。宏观层面需要把握国家和地方的经济社会发展规划，前瞻性地分析未来的产业结构和人才需求变化趋势。一个区域的主导产业、增长极往往蕴含着巨大的就业机会，引导学生及早了解并参与相关领域，能够帮助其抢占职业发展先机。微观层面则要深入研究具体行业和企业的用人需求。通过走访企业、召开校企座谈会等方式，可以更准确地把握市场的真实需求，为就业指导提供可靠依据。

三、个性化就业指导方案的制订

（一）制订流程

制订个性化就业指导方案需要结合学生的个性特点、职业兴趣、能力素质等因素，并综合考虑社会需求和就业市场状况。在这个过程中，明确就业目标、选择合适路径、制定就业策略是三个关键环节，对于提升就业指导的精准性和实效性具有重要意义。

1. 明确就业目标

只有深入了解学生的职业理想、兴趣爱好、专业特长等，才能帮助其确立切合实际、富有吸引力的就业目标。在这个过程中，就业指导教师应引导学生客观认识自我，全面分析个人优势和不足，并结合社会需求和就业趋势进行职业生涯规划。通过个性化的交流和指导，帮助学生厘清思路，找准定位，为后续就业准备指明方向。

2. 选择合适的就业路径

针对不同学生的实际情况,就业指导教师应因材施教,提供多元化的就业路径选择。对于学术型人才,可以考虑继续深造,攻读更高学位;对于应用型人才,可以推荐其直接就业,或参加企业实习、见习等;对于创新创业型人才,则可鼓励其自主创业,提供政策扶持和指导服务。同时,就业指导教师还应帮助学生权衡各种就业路径的利弊,如发展前景、薪酬待遇、工作强度等,以做出最佳选择。

3. 制定就业策略

根据学生的就业目标和路径选择,就业指导教师应有针对性地制定个性化就业策略,包括就业技能培养、求职材料准备、面试应对技巧等方面的具体指导。例如,可以通过模拟面试、情景演练等方式,提升学生的沟通表达能力;可以邀请优秀校友或行业专家举办讲座,分享职场经验和成功案例。通过系统的就业能力培养,提高学生的职业素养和就业竞争力。

(二)方案内容

1. 明确目标行业

不同行业对人才的需求各不相同,学生需要根据自身的兴趣特长、知识技能结构等,选择与之匹配的目标行业。在此过程中,就业指导教师应当向学生介绍各行各业的发展现状、人才需求特点、职业发展路径等,帮助其获取全面、客观的行业信息,做出理性选择。

2. 确定具体的就业岗位

就业指导教师要深入了解用人单位的岗位设置、任职要求等,向学生传递准确、及时的岗位信息。同时,教师还应引导学生认真分析自身条件,评估与目标岗位的匹配度,找准自己在人才市场中的定位。通过开展职业能力测评、模拟面试等实践活动，学生可以更加清晰地认识自我，调整就业预期，提高求职的针对性和实效性。

3. 设计职业生涯规划

在现代就业形势下，职业生涯已不再是单一、固定的模式，而是呈现出多元化、动态化的特点。因此，就业指导不能局限于一次性的择业服务，而应着眼于学生的可持续发展，帮助其规划整个职业生涯。这就需要就业指导教师引导学生树立终身学习理念，培养其职业适应力和发展潜力。通过设计职业生涯路径图，学生可以明确阶段性目标，做好继续教育和再就业的准备，以更加从容、自信的姿态面对未来的职场变化。

个性化就业指导方案的制订需要教师因材施教，学生主动参与，双方密切配合。教师要立足学生的个性特点，有的放矢地提供指导服务；学生要积极主动，勇于探索，在实践中不断认清自我，提升就业能力。

第四章　大学生就业准备与求职策略

第一节　就业准备

一、就业准备的基本内容

（一）理解就业市场现状

深入分析行业发展趋势，准确把握职位需求动态，能够制定科学、可行的就业策略。当前，经济正处于转型升级的关键时期，产业结构不断优化，新兴行业蓬勃发展。这一变化为大学生就业带来了新的机遇，同时也提出了更高的要求。

从宏观层面看，服务业已成为拉动经济增长的主要动力，现代服务业更是呈现出强劲的发展势头。金融、信息技术、文化创意等行业对高素质人才的需求持续增加。与此同时，先进制造业、战略性新兴产业在加速崛起，为大学生提供了广阔的就业空间。这些行业虽然岗位众多，但对创新能力、跨学科知识等提出了更高要求。大学生要想在激烈的竞争中脱颖而出，必须紧跟产业发展趋势，提升自身综合素质。

从微观层面看，不同行业、不同企业对人才的需求呈现出多样化特点。一些传统行业注重专业对口，侧重考查应聘者的实践技能，互联网、金融等新兴行业则更加看重创新思维和学习潜力。对于缺乏实践经验的应届毕业生而言，展现出色的学习能力和发展潜力至关重要。随着经济全球化的深入推进，国际化视野和跨文化沟通能力也日益成为用人单位青睐的素质。大学生要立足自身特点和兴趣爱好，有针对性地加强能力培养。

尽管不同行业的人才需求存在差异，但对大学生的就业能力而言，仍有许多共通之处。无论从事何种职业，较强的学习能力、逻辑思维能力、沟通协作能力都是必备的素质。对于专业知识的掌握，也应注重理论与实践的结合，在扎实掌握基础知识的同时，着力提升运用知识解决实际问题的能力。大学生在校期间要全面提升自己的综合素质，为将来的职业发展奠定坚实基础。

(二)确定就业方向

在当今社会，职业选择的多样性和就业市场的复杂性对大学生提出了更高的要求。大学生不仅需要具备扎实的专业知识和技能，还应对自己的职业兴趣、个人特质有清晰的认识，并能根据社会需求和发展趋势来确定职业目标。因此，大学生要进行深入的自我探索和职业研究，综合考虑个人因素和外部环境，做出科学、理性的职业规划。

在进行职业方向选择时，大学生要明确自己的兴趣爱好、价值观念、性格特点等内在因素，通过自我评估和反思，了解自己的优势和不足，探索真正感兴趣和适合的职业领域。大学生要主动参与各类职业生涯教育活动，如职业兴趣测试、职业咨询、就业指导课程等，借助科学的测评工具和专业人士的指导，加深自我认识。同时，大学生还应广泛收集职业信息，了解不同行业的特点、发展前景、所需要的知识技能等，思考自己的能力和职业要求的匹配度。这个过程可以帮助大学生厘清职业发展方向，为后续的学习和实践做好铺垫。

在明确个人兴趣和特点的基础上，大学生需要深入分析社会需求和发展趋势，将个人发展与社会需要相结合，选择有发展潜力、能够实现自我价值的职业方向。一方面，大学生要关注国家战略、产业政策，把握经济社会发展脉搏，抓住新兴产业和朝阳行业带来的机遇；另一方面，大学生要立足社会现实，考虑区域经济特点、用人单位需求，选择市场前景好、就业空间大的职业领域。在这个过程中，大学生可以通过学习就业形势分析报告、参加招聘会、与职场人士交流等方式，加深对职业世界的了解，为职业目标的确立提供参考。

(三)准备求职资料

在准备求职资料阶段，学生需要精心撰写简历和求职信，并准备好相关证明文件,为未来的求职面试打下良好基础。

简历是学生向雇主展示自己专业能力和综合素质的重要载体。一份优秀的简历应当结构清晰、内容翔实、重点突出。在撰写简历时,学生应先梳理自己在校期间的学习经历、实践活动、所获荣誉等,再进行分类整理和提炼概括。简历内容要紧扣应聘岗位的要求,突出自身与职位的匹配度。同时,简历格式要美观大方,语言表达要简洁流畅,给人以专业、优秀的印象。

求职信是对简历的重要补充,它能够让学生更具体、更全面地阐述自己的求职意愿和竞争优势。撰写求职信时,学生要深入研究应聘单位和岗位,提炼出雇主最关注的素质要求。在此基础上,学生要结合自身情况,用具体事例说明自己如何符合这些要求,展现出较强的岗位适配性。求职信的行文要真诚、得体,言之有物,避免空洞套话和过度自夸。

相关证明材料是简历和求职信的有力佐证。学生应提前准备好身份证、学历学位证书、获奖证书、实习鉴定等复印件,必要时,还需提供英语等级证书、教师推荐信等。这些材料能够帮助雇主更全面地了解求职者的背景和能力,增强对其专业性和可信度的认可。学生在准备相关证明材料时应保证其真实性、完整性,并对重要信息进行必要的加密处理。

求职资料准备是一项系统工程,需要学生投入大量时间和精力。学生要本着客观、审慎的态度梳理自己的教育背景和实践经验,提炼出对雇主具有吸引力的亮点,并通过简历、求职信等方式有针对性地加以呈现。同时,学生还要重视相关证明材料的收集和整理,用扎实的证据支撑自己的能力呈现。只有做好充分的求职资料准备,学生才能在激烈的就业竞争中脱颖而出,获得心仪职位。

二、就业准备的个性化策略

(一)评估个人优势与不足

SWOT 分析是评估个人优势和不足的有效工具,可以帮助大学生更全面、客观地认识自我,为制订合理的职业规划提供参考。通过系统梳理自身的优势

(Strengths)、劣势(Weaknesses)、机会(Opportunities)和威胁(Threats),学生能够清晰地勾勒出个人特质与外部环境的关系图谱,进而明确未来发展方向,做出明智的职业选择。

优势分析要求学生深入挖掘自身的独特才能和竞争优势,如专业知识、实践技能、领导才能、创新意识等。这些优势往往是个人成功的关键因素,也是求职过程中的重要闪光点。而劣势分析需要学生直面自己的不足之处,包括知识结构的欠缺、能力的不足、经验的匮乏等。唯有正视问题,才能有针对性地加以改进,扬长避短,不断提升职业竞争力。

在分析外部环境时,机会分析需要学生密切关注行业发展趋势、市场需求变化、政策支持力度等,捕捉有利于个人发展的有利条件。把握机遇,顺势而为,能够事半功倍。相应地,威胁分析要求学生审慎评估就业市场的潜在风险,如人才竞争加剧、技术更迭加快、经济下行压力加大等。

通过 SWOT 分析,学生能够从多个维度审视自我,构建起一个立体化的能力画像。在此基础上,学生可以有的放矢地制订职业发展规划。例如,发挥自身优势,弥补已知短板,抓住发展机遇,规避潜在风险等。这有助于学生找准人生定位,做出最优的职业选择。

(二)设计个人品牌

个人品牌能够帮助大学生树立独特的专业形象,彰显个人优势和特色,从而吸引潜在雇主的注意力。建立个人品牌的第一步是进行自我评估和定位。大学生需要深入挖掘自己的兴趣、特长、价值观等,形成清晰的自我认知。在此基础上,大学生可以明确自己希望在职场中呈现的专业形象和独特卖点。例如,一位有志于从事新媒体运营的毕业生,可以把“创意十足的内容创作者”作为自己的个人品牌定位。

个人品牌的塑造需要通过多种渠道来实现。专业的简历和求职信是展示个人品牌的重要载体。大学生应该精心设计简历的内容和版式,突出与目标职位相关的优势和经历,体现个人风格和特点。同时,面试是传递个人品牌的绝佳机会。大学生要充分准备，以自信、专业的形象示人，用真实的故事和案例支撑自己的品牌主张。

随着互联网的发展，网络身份已成为个人品牌不可或缺的组成部分。大学生应重视职场社交媒体的运营。完善的个人资料、专业的头像、原创的分享内容等都有助于塑造个人品牌。创建个人网站或博客也是展示专业特长，构建认知的有效途径。

（三）制定应聘策略

制定个性化求职方案能够提升大学生的就业竞争力。面对日益激烈的就业竞争，大学生必须立足目标行业和企业，充分发挥自身优势，量身定制求职策略，方能在求职过程中脱颖而出，实现理想就业。

1. 深入了解目标行业和企业的特点

不同行业对人才的需求各不相同，企业文化和用人标准也存在差异。只有全面把握这些信息，才能准确定位自己的职业发展方向，选择适合自己的求职途径。大学生可以通过多种渠道收集相关信息，如参加行业论坛、企业宣讲会，关注权威媒体报道，向在职人士请教等。在此基础上，大学生要系统梳理自身的知识结构、能力特长、实践经验等，找准自己的优势，有的放矢地开展求职准备。

2. 突出个性化和创新性

在简历制作、面试技巧、笔试准备等方面，大学生要根据目标企业的要求，设计出独具特色的求职方案。例如，针对注重创新能力的企业，大学生可以在简历中重点突出在各类科技竞赛、创新创业项目中的成果；针对偏好务实型人才的企业，大学生可以详细列举在实习实践中解决实际问题的经历。在面试过程中，大学生要提前做好充分准备，针对不同企业设计出个性化的自我介绍，体现出对企业文化的认同和职位的匹配度。这些创新性的举措能够帮助大学生在求职过程中脱颖而出，给人事留下深刻印象。

3. 注重持续优化和动态调整

就业形势瞬息万变,企业对人才的需求也在不断更新。大学生要密切关注行业动态,及时调整求职策略,提升求职方案的针对性和有效性。在实际求职过程中,大学生要虚心听取用人单位的反馈意见,找出不足之处,进一步完善和优化求职方案。只有不断改进,与时俱进,才能保证求职方案的先进性和实效性。

三、就业准备的时间规划

(一)制定详细时间表

科学合理的时间规划能够使求职过程更加有条不紊,提高求职效率和成功率。在制定时间表时,大学生应首先明确求职目标,根据自身特点和就业市场需求,确定意向行业和岗位。在此基础上,将求职过程分解为若干具体任务,如完善简历、收集企业信息、申请实习、参加招聘会等,并为每项任务设置明确的时间节点。

在时间安排上,大学生需要统筹兼顾,合理分配时间。一方面,要为求职任务留出充足的时间,确保每一步都经过深思熟虑、精心准备;另一方面,要避免过度投入,以免影响学业和其他重要事务。通常情况下,大学生可以利用课余时间、周末、寒暑假等空档期开展求职准备工作。对于临近毕业的学生,则可以适当增加求职时间投入,但仍需兼顾学业完成和论文写作等任务。

在求职过程中,时间表应发挥动态管理和持续优化的作用。大学生要及时记录和总结求职过程中的心得体会,根据实际情况对原有计划进行调整和改进。例如,如果某些求职任务进展不顺利,可以适当延长时间或寻求其他途径;如果收到面试邀请,则需要及时调整后续安排,全力准备面试。同时,大学生还应养成定期回顾和检查的习惯,及时发现和解决问题,保证求职时间表的有效执行。

除了任务分解和时间安排,大学生在制定求职时间表时还需注重策略性和针对性。针对不同的求职环节,要采取有的放矢的策略。例如,在网申阶段,可以利用专业求职网站的筛选和推送功能,提高投递效率;在面试阶段,需要进行充分的资料收集和模拟演练,提升面试表现。同时,大学生还应根据自身特点和目标企业特征,有针对性地开展求职准备,避免盲目投入时间和精力。

(二)平衡学业与求职

在大学生的成长阶段,学业与求职是两个相互交织、相互影响的重要主题。一方面,学业是大学生的首要任务,是其获取知识、提升能力的关键途径;另一方面,求职是大学生面向未来的重要准备,是其实现人生价值、走向职场的必经之路。因此,大学生要在有限的时间内合理安排学业与求职,使二者相得益彰而不是相互掣肘。

大学阶段的学习不同于中学,更加强调学生的自主性和探究性。大学生需要根据自己的兴趣爱好和职业规划,主动选择课程、参与项目、开展研究,在知识的海洋中探索前行。这一过程不仅需要投入大量的时间和精力,更需要保持专注和持之以恒的态度。频繁的求职活动,尤其是准备简历、参加面试等,会占用学生的学习时间,分散其注意力,影响学业表现。因此,大学生在安排求职时,务必要以学业为重,合理控制求职投入,确保学习任务的完成。

大学阶段的求职准备与职场体验对日后的职业发展至关重要。通过参加校园招聘会、申请实习机会、进行职业咨询等活动,大学生能够深入了解职场动态,掌握就业技能,积累工作经验,为未来的职业发展奠定基础。然而,过度投入求职,则可能出现眼高手低、好高骛远的问题。一些大学生在求职过程中,过于关注职位的薪酬待遇、发展前景,而忽视了自身的知识储备和能力水平,导致在求职中屡屡受挫,心态失衡。对此,大学生要树立正确的求职观,根据自身的实际情况和职业目标,循序渐进地开展求职准备,避免急于求成、贪多求快。

平衡学业与求职,需要大学生进行系统的时间规划和精力分配。在时间安排上,大学生可以利用课余时间、寒暑假等开展求职准备,避免与学习时间发生冲突。例如,大学生可以利用周末参加招聘会,利用寒暑假进行实习锻炼,把握求职的黄金时期。同时,大学生还要注意加强时间管理,提高学习和求职的效率,做到学业与求职两不误。在精力分配上,大学生要坚持学业优先的原则,把主要精力投入学习和研究中。求职准备可以作为学习的补充,但不能喧宾夺主,影响学业发展。大学生还要注意调整心态,以平常心看待求职,不要给自己太大压力,保持学习和生活的平衡。

(三)把握求职时机

求职不仅需要准备充分,更需要把握好时机。一般而言,企业的招聘活动通常集中在特定的季节和周期。了解这些规律,有助于求职者合理安排时间,提高求职成功率。

从宏观角度看,每年的春季和秋季是企业招聘的高峰期。这与高校毕业生集中离校的时间相吻合。许多企业会提前几个月启动校园招聘,以确保及时招到所需人才。大学生应密切关注学校就业指导中心发布的招聘信息,积极参加宣讲会、招聘会等活动。同时,大学生要利用互联网平台获取更广泛的就业机会。

从行业特点来看,不同领域的招聘时间节点各有不同。例如,教育行业的招聘旺季通常在每年的第二学期,互联网企业则常年处于招聘状态。大学生应深入了解目标行业和企业的用人特点,提前做好准备,抓住机遇。

从个人情况来看,求职时机的选择需要考虑自身的就业诉求和职业规划。一些毕业生可能希望先积累一定工作经验,再寻求理想的职位;另一些毕业生期望尽快进入心仪的企业,实现职业理想。无论何种情况,都需要根据自己的实际情况,制订切实可行的求职计划。

四、就业准备中的自我评估与定位

(一)自我认知工具的运用

自我认知为大学生的职业选择和发展方向提供了科学依据。在这个过程中,职业兴趣测试和能力评价是两种行之有效的自我认知工具。通过自我认知工具的运用,大学生能够全面、客观地了解自己的职业偏好、个人特质和专业潜质,为未来的职业发展做好铺垫。

1. 职业兴趣测试

职业兴趣测试旨在帮助个人识别和评估自己对不同职业领域的偏好程度。职业兴趣测试通常基于经过实践检验的职业理论模型,如六边形职业兴趣理论。通过回答一系列与工作活动、工作环境相关的问题,测试者可以获得一份详尽的职业兴趣画像,了解自己在现实型、研究型、艺术型、社会型、企业型、常规型等维度上的得分情况。这一结果能够为其职业选择提供有价值的参考,让其朝着与个人兴趣相匹配的方向努力。

2. 能力评价

能力评价侧重于个人在特定领域内的才干和潜力。能力评价通常采用多种形式,如智力测验、专业技能考核、情景模拟等,全方位考查个人的认知能力、实践技能、解决问题的策略等。通过系统的能力评价,大学生能够准确把握自己在某一专业领域内的优势和不足,有针对性地制订职业发展计划。例如,对于有意从事管理工作的学生,领导力测评能够帮助其认识自身在决策、沟通、激励等方面的表现,为其未来的管理者角色做好准备。

(二)职业价值观的明确

个人的职业价值观是对职业活动和职业生涯持有的价值判断和基本信念。它反映了个人对职业的意义、目的和追求的认识,影响着职业选择、职业行为和职业发展。在进行职业生涯规划时,要明确自身的职业价值观。

在职业生涯规划中,个人需要深入思考自己的职业价值观,并以此为基础设定符合自身特点和期望的职业目标。一方面,职业目标要与个人的兴趣、能力、价值观等相契合,这样才能在职业生涯中保持动力和热情,体验到职业幸福感和获得感;另一方面,职业目标要结合外部环境和现实条件进行权衡,如职业的发展前景、就业机会、薪酬待遇等,以确保职业目标的可行性和可持续性。只有在个人特质和外部环境之间达成平衡,职业目标才更具有现实意义。

个人的职业价值观并非一成不变,而是随着年龄增长、阅历丰富而不断发展和调整的。在职业生涯的不同阶段,个人对职业的期望和追求也会随之变化。例如,职业生涯初期的个人可能更看重职业的发展机会和个人成长,而到了中期则可能更注重工作与生活的平衡,到了后期可能更加追求职业的意义和社会价值。因此,在制订职业生涯规划时,要充分考虑自身职业价值观的动态性和阶段性,根据不同阶段的特点和需求及时调整职业目标和发展路线。

(三)职业定位的确定

职业定位的确定需要大学生在进行充分自我评估和认知的基础上,明确自己的职业方向和目标岗位。这个过程不仅需要大学生对自身的兴趣、特长、能力有深入了解,还要求其全面分析职业岗位的特点、工作环境、发展前景等外部因素。只有在综合考量内外部条件的基础上,大学生才能做出最符合自身发展的职业选择。

自我评估是确定职业定位的基础。通过使用职业兴趣测试、能力测评等工具,大学生可以系统地了解自己在不同职业领域的兴趣倾向和能力水平。同时,大学生还需要深入思考自己的价值观、生活方式、人格特质等,判断它们与特定职业的匹配程度。例如,一个偏好稳定、规律生活的大学生可能更适合从事教师、公务员等相对稳定的职业,喜欢冒险、追求刺激的大学生则可能更向往记者、创业者等充满挑战的职业。

在自我评估的同时,大学生需要深入研究职业世界,全面了解不同职业的特点和要求。这需要大学生主动搜集职业信息,包括职业工作内容、所需知识技能、工作环境、发展前景、薪酬待遇等。大学生可以通过查阅相关书籍、报告,浏览权威职业网站,参加行业讲座、招聘会等方式,多渠道、多角度地认识职业世界。做职业咨询,寻求师长指点,与已工作的学长交流,都是了解职业信息的有效途径。只有对职业有全面、准确的认知,大学生才能判断自己是否适合从事特定职业,是否能够胜任其工作要求。

在对自我和职业世界有充分认知的基础上,大学生需要考虑现实因素,如就业形势、地域差异、家庭背景等。例如,在就业形势严峻的情况下,大学生可能需要适当调整职业期望值,先选择一份与理想职业相关度较高的工作,为未来理想职业的实现奠定基础。部分职业在不同地域的发展状况差异巨大,大学生需要根据自己的地域偏好做出选择。诸如此类的现实考量,都需要大学生在确定职业定位时纳入分析框架,以做出最稳妥、最具可行性的决策。

职业定位的确定是一个循序渐进、动态调整的过程。随着社会发展和个人成长,大学生原有的职业定位可能需要适时调整。因此,大学生要树立终身学习的观念,在工作实践中不断反思自我,评估当前工作与自身特点的匹配程度,必要时,要勇于转变,开启新的职业征程。同时,大学生还要关注所在行业和职业的最新动态,准确把握发展趋势,及时调整自我提升的方向和策略。

第二节　简历制作与面试技巧

一、简历制作的基本原则

(一)明确目标

针对性强的简历能够突出大学生的专业特长和职业素养,帮助其在激烈的就业竞争中脱颖而出。明确求职目标是制作专业简历的首要任务。大学生应该深入分析自身的学习背景、实践经历、专业技能等,结合职业发展规划,确定适合自己的目标岗位。只有明确了求职方向,才能有的放矢地设计简历内容,突出与目标岗位相关的优势和特点。

在明确求职目标的基础上,大学生需要系统梳理自己的教育背景、实习实践、科研项目、社会活动等经历，提炼出能够支撑求职目标的关键要素。例如，应聘市场营销岗位的大学生，可以重点展示自己在校期间参与的营销策划竞赛、社会实践等，凸显自身的创新意识和实践能力。应聘技术研发岗位的大学生，则应该详细列举参与的科研项目，体现扎实的专业功底和解决问题的能力。对于缺乏直接相关经历的大学生来说，可以从学习和生活中提炼出与岗位要求相匹配的品质和能力，展现出自己的发展潜力。

在经历提炼的过程中，大学生要学会定位自身优势，突出主题，避免平铺直叙、毫无重点。求职者可以围绕求职目标，先梳理提炼关键信息，再选择最能体现专业特长和职业素养的经历进行细化。同时，大学生还应注重经历描述的语言表达，用简洁生动的文字凸显个人优势，给招聘者留下深刻印象。

在布局和设计上，大学生要根据不同企业和岗位的侧重点，对简历内容进行针对性调整。例如，互联网企业往往更看重大学生的创新意识和学习能力，传统制造业则可能更看重扎实的专业技能和执行力。因此，大学生需要通过对目标企业的深入了解，有针对性地突出与其要求相匹配的素质和经验。在版式设计上，大学生要兼顾美观与工整，合理运用字体、颜色、分栏等元素，既要凸显内容的逻辑性，又要给人以专业、精致的视觉感受。

（二）突显特点

简历中突显个人亮点和成就，能让大学生在激烈的竞争中脱颖而出，给招聘方留下深刻印象。这需要大学生充分挖掘自己的优势和特色，选择最能彰显个人价值的经历和成果，以醒目的方式呈现在简历中。

大学生可以从专业技能、工作经验、项目成果、荣誉奖项等多个维度，寻找能够体现自身竞争力的闪光点。例如，在校期间参与的重大科研项目，解决了行业内的难题；在实习中提出的优化方案，为企业节约了大量成本；在学科竞赛中取得的优异成绩，展现了过硬的专业素质。这些亮点都能够有力地证明大学生的能力和潜力，值得在简历中重点突出。

在提炼个人亮点时，大学生需要结合目标岗位的要求，有针对性地选择和表达。通过研究招聘信息,分析岗位所需的关键技能和素质,大学生可以找出自身与之契合的优势,并在简历中予以强调。例如,应聘数据分析岗位,大学生可重点展示自己的数据挖掘和统计建模能力;申请市场营销职位,大学生则可侧重突出自己的市场洞察力和创新思维。这样的有的放矢,能让招聘方快速发现大学生的匹配度,从而提高简历的筛选通过率。

在简历的布局和设计上,大学生要注重亮点的视觉突出。可以通过加粗、加下画线、调整字号等方式,使关键信息在视觉上更加醒目。同时,适当使用数字和图表等元素,以量化的形式呈现个人成就,能够给人客观、直观的印象。例如,“大学期间参与了5个省级重点项目,其中2个获得了国家级奖项”,这样的表述比泛泛而谈的经历介绍更有说服力。

亮点的选取和表达要真实、准确,切忌夸大其词或弄虚作假。简历中的每一项内容都要经得起验证,与事实相符。同时,亮点的呈现要把握分寸,避免过于张扬或自夸,给人骄傲自满的印象。大学生可以用数据和实例来支撑自己的成绩,以客观的方式展现个人优势,让招聘方心服口服。

(三)结构清晰

简历结构的清晰与否直接影响人事对大学生的第一印象。一份层次分明、重点突出的简历能让人事迅速了解大学生的基本情况和专业特长,从而提高求职成功率。因此,大学生应该高度重视简历结构的合理性和可读性。

1. 简历的整体布局要逻辑清晰、主次分明

通常,简历内容可以分为个人基本信息、教育背景、实习/工作经历、专业技能、获奖情况等几大模块。每个模块之间要有明确的分割和过渡,避免内容交叉重叠或前后矛盾。同时,应该采用条理化的方式罗列每个模块的具体内容,如按时间顺序列举教育和工作经历,按重要程度排列专业技能和奖项等。这样的结构安排既符合人事的阅读习惯,也能凸显大学生的逻辑思维能力。

2. 简历的版式设计要美观大方、引人入胜

虽然内容才是简历的核心，但一份排版凌乱、格式混杂的简历很容易让人事望而却步。因此，大学生要注重简历的视觉呈现效果，尽量选用简洁明了的字体和颜色搭配，保持版面的整洁统一。同时，可以运用加粗、斜体、下划线等方式强调重点内容，但切忌过度使用，以免喧宾夺主。恰当地运用表格、图标等元素，不仅能提升简历的美观度，还能让人事更快速、准确地获取关键信息。

3. 简历的语言表达要言简意赅、重点突出

人事往往没有太多时间仔细阅读每份简历，因此大学生要学会“化繁为简”，用最精炼的语言表达最丰富的内容。一方面，要避免使用冗长、晦涩的句式，尽量采用简明扼要的短句；另一方面，要善于筛选信息，突出与目标岗位最相关的内容。例如，应聘技术岗位时，应重点描述自己的专业技能和项目经验；应聘管理岗位时，则应侧重展示领导力和沟通协调能力。这样才能在有限的篇幅中最大限度地展现自己的优势和特点。

4. 简历的内容安排要前后呼应、逻辑自洽

一份内容零散、前后矛盾的简历不仅会让人事质疑大学生的诚信度，更会影响其专业形象。因此，大学生要对简历内容进行反复检查和修改，确保教育背景、工作经历等客观信息的准确性和一致性。同时，还要注意不同模块之间的逻辑关联，做到承上启下、环环相扣。例如，可以在教育背景中突出所学专业与目标岗位的契合度，在实习经历中体现所学知识的实际运用，在获奖情况中佐证自身能力的认可度，从而构建起完整、立体的个人形象。

二、简历制作的个性化策略

（一）创造性格调

简历不仅需要全面、真实地反映大学生的基本情况和专业能力，更应具有鲜

明的个性特色,从众多竞争者中脱颖而出。创造性地设计简历格调,根据个人特点打造独特风格,是提升简历吸引力、增强求职竞争力的有效策略。

1. 明确定位

每位大学生都有自己独特的教育背景、专业特长、实践经历和职业理想。深入挖掘这些独特性,将其与目标职位的要求相结合,能够确立简历设计的基调。例如,理工科学生可以突出严谨细致的逻辑思维和动手实践能力;人文社科学生可以侧重于批判性思考和语言表达能力;艺术类学生应彰显创意灵感和美学修养。一份契合个人特质、指向明确的简历,能让人事迅速了解大学生的优势所在,提高简历筛选通过率。

2. 利用版式设计、色彩搭配等视觉元素,营造简历的美感格调

协调统一、重点突出的版面布局,能吸引人事的注意力,突显关键信息。例如,对教育背景、实习经历等重要模块采用加粗、加大字号,辅以图形化展示,能起到画龙点睛之效。灵活运用色彩也能为简历增色不少。暖色调如橙色、黄色等,能营造出热情活力的气质;冷色调如蓝色、绿色等,给人以理性沉稳之感;黑白灰的搭配凸显简约时尚的格调。切忌使用过于鲜艳刺眼的颜色,以免喧宾夺主,削弱内容的表现力。

3. 以凸显个人优势为出发点

切忌为追求新奇而脱离简历的基本功能,或者一味堆砌华而不实的修饰。大学生应根据行业特点和企业文化,适度展现创意亮点。例如,金融、法律等相对传统的行业,简历设计不宜过于跳脱;互联网、创意设计等新兴行业则鼓励大学生充分展现个性。同时,任何创意设计都应服务于突出大学生的竞争力,避免喧宾夺主、本末倒置。简历的本质是自我推销,切忌为创意而创意,使简历流于形式主义。

4. 注重创意格调的延展性

独具匠心的简历不应是昙花一现,而应与其他求职材料形成呼应,营造个人品牌的延续感。例如,针对不同企业撰写的求职信,可以沿用简历的色彩基调和设计风格。面试时的着装打扮、言谈举止也应体现出与简历相一致的个人气质。求职材料的整体协调,能全方位展现大学生的独特魅力,树立职场个人品牌意识。

(二)关键词优化

行业关键词是指在特定行业或职业领域内被广泛使用、能够准确描述岗位要求或个人能力的词汇。这些词汇通常包括专业术语、技能要求、工作内容等,能够清晰地向招聘方传达大学生的专业背景和职业素养。在简历中恰当地融入行业关键词,可以大大提升简历的针对性和匹配度,增加大学生获得面试机会的概率。具体来说,优化简历关键词需要把握以下几个要点。

1. 深入研究目标岗位的要求

大学生应仔细阅读招聘信息,分析岗位职责、任职要求等内容,提炼出招聘方最看重的关键词。同时,还要关注同类型岗位的招聘信息,总结行业内的共性需求和技能标准。

2. 客观评估自身的知识和能力

大学生要清晰地认识自己的专业特长、实践经验、核心技能等,选择能够准确描述自身优势的关键词。这些关键词既要符合岗位要求,也要契合个人实际,避免夸大其词或过度包装。

3. 合理布局关键词的位置

关键词的位置安排会影响简历的匹配度和招聘方的关注程度。一般来说,应将最重要、最突出的关键词放在简历的显著位置,如个人简介、专业技能等板块。对于一些专业性较强的关键词,则可以穿插在教育背景、工作经历的描述中,体现个人的专业素养和实践能力。

4. 注重关键词的变化和创新

随着行业的发展和技术的进步,一些新兴的关键词不断涌现,而一些传统的关键词则逐渐失去吸引力。大学生要紧跟行业动态,及时更新和优化关键词,让自己的简历永葆生命力。还可以适度创新关键词的表达方式,用更生动、更个性化的语言展现自己的特点,避免千篇一律的套话。

三、面试技巧的基本要点

(一)研究目标公司的背景

在求职过程中,深入了解公司文化、发展历程、业务领域等信息,能够帮助大学生更好地展示自己的优势,表达对公司的认同感,提高面试通过率。

了解公司文化有助于大学生判断自己是否适合该公司。每个公司都有独特的价值观、经营理念和工作氛围,这些要素构成了公司文化的核心。大学生需要评估自己的个人价值观是否与公司文化相契合,是否能够认同并践行公司的理念。如果双方在文化上存在明显冲突,即使勉强入职,也可能难以融入团队,影响工作绩效。反之,如果大学生与公司在文化上高度一致,就更有可能产生归属感,激发工作热情,实现个人发展与公司发展的双赢。

研究公司的发展历程能够帮助大学生把握公司的现状和未来。公司的发展历程往往反映了其成长轨迹、战略规划和市场地位。通过梳理公司的发展脉络,大学生可以洞察公司所处的发展阶段,评估其未来的成长潜力。例如,处于高速成长期的创业公司,可能更看重员工的创新精神和冒险意识;成熟期的大型企业,则可能更注重员工的专业能力和管理经验。大学生需要结合自身的职业规划，选择与之匹配的公司类型，才能实现长远发展。

了解公司的业务领域是面试过程中不可或缺的环节。不同行业对员工的知识结构、专业技能有不同要求。大学生需要深入研究公司所在行业的特点、主要产品或服务、市场竞争态势等，展示出对行业发展趋势的敏锐洞察力。在面试中，大学生还要能够结合岗位要求，阐述自己的专业特长如何与公司业务相契合，创造独特价值。人事往往青睐对行业和公司业务有深刻理解、能够提出真知灼见的候选人。

研究公司背景包括了解其组织架构、管理体系、企业社会责任等方面。组织架构和管理体系影响着公司的运作效率和决策流程，大学生需要思考自己是否能够适应特定的工作方式。企业社会责任则关乎公司的社会形象和品牌声誉，对于注重个人价值实现的大学生而言，一家积极履行社会责任、回馈社会的公司无疑更具吸引力。全面了解这些信息，有助于大学生在面试中表现出对公司的充分认知和真诚态度，获得人事的好感。

(二)灵活应对技巧

面试表现的优劣直接影响大学生能否获得心仪的工作机会。因此，掌握灵活应对面试问题的技巧，对于大学生而言至关重要。

要想在面试中脱颖而出，大学生需要对目标企业有深入的了解。这不仅包括企业的业务范围、发展历程、经营理念等基本情况，更要深入洞察其所处行业的发展趋势、面临的机遇与挑战。唯有如此，大学生才能在面试中展现出对企业的高度认同感和良好的职业契合度，赢得面试官的青睐。

在准备面试问题时，大学生要充分预估面试官可能提出的各类问题，并提前准备相应的答题思路和范例。这些问题可能涉及大学生的教育背景、工作经历、专业技能、职业规划等多个方面。大学生应该针对每一类问题，提炼出最能体现自身优势和特点的关键信息，并以简洁明了的语言表达出来。同时，在面试过程中还要注意随机应变，根据面试官的提问和反馈及时调整答题策略，切忌死板照本宣科。

在面试过程中,大学生的仪表礼仪是面试官重点关注的方面。大学生应该根据目标企业的文化氛围,选择得体的着装,给人以专业、干练的印象。同时,面试过程中要注意基本的礼仪,如准时到达、主动问好、保持良好的坐姿和眼神交流等。这些细节虽然看似微不足道,但却能够体现出大学生的职业素养和个人修养。

除了专业能力和个人素质,大学生在面试中展现出积极、开放、进取的心态也非常重要。面试官往往青睐思维活跃、勇于创新、敢于挑战自我的大学生。因此,大学生在回答问题时,要努力体现出自己的创新意识和发展潜力。例如,大学生可以分享一些在工作或学习中解决疑难问题的经历,展示自己敢于尝试、勇于突破的精神品质。

大学生在面试中要注重展现自己的团队合作能力。现代企业越来越注重团队的力量,愿意招募善于沟通、乐于协作的员工。因此,大学生要善于举例说明自己在团队中的角色定位和突出贡献,体现自己良好的团队意识和组织协调能力。

(三)面试礼仪

面试礼仪关乎大学生给面试官留下的第一印象,直接影响面试结果。了解和遵守基本的面试礼仪,不仅能够展现大学生的专业素养和个人修养,更能彰显其对面试机会的重视程度。因此,大学生在求职过程中必须高度重视面试礼仪,通过言行举止的细节塑造良好形象,为成功求职奠定基础。

从着装打扮的角度来看,恰当得体的穿着是面试礼仪的重要体现。大学生应根据面试单位的性质和岗位要求选择正装,如西装、衬衫、裙装等,避免过于休闲或艳丽的服饰。同时,着装还要符合自身的气质和体型,力求干净整洁、端庄大方。过于张扬的饰品、浓妆艳抹等都可能给面试官留下不专业的印象,因此应当尽量避免。

从肢体语言的角度来看,得体的举止和姿态能够传达大学生的自信和稳重。

面试时，应保持端正的坐姿，目光友善而坚定，适度使用手势辅助表达，动作幅度不宜过大。在与面试官交流时，要注意倾听对方的问题，避免打断或抢话，回答问题时语速适中，吐字清晰。眼神交流也十分重要，应注视面试官，表现出对面试的专注和重视。

从言谈举止的角度来看，谦逊有礼的语言表达是面试礼仪的核心要义。大学生在自我介绍时要突出个人特点和优势，但切忌夸大其词、自吹自擂。回答问题时，要就事论事，不可对面试官的提问表现出不耐烦或不屑一顾的态度。即便对某些问题持有不同看法，也应以委婉的方式表达，展现自己虚心好学、善于沟通的一面。

第三节　网络求职平台的使用

一、网络求职平台的选择

(一) 平台可信度的评估

在网络求职中，大学生需要慎重选择求职平台，确保个人信息的安全性和职位信息的真实性。值得信赖的网络求职平台应具备完善的信息安全保护机制，如数据加密传输、严格的用户身份验证等，以防止个人隐私泄露和信息被盗用。同时，可靠的平台会对发布的职位进行审核，剔除虚假、违法和不良信息，确保职位描述与实际工作内容相符，薪酬待遇真实合理。这需要平台投入大量的人力物力，建立起一套严格的职位审核标准和流程。

大学生在选择平台时，可以通过多个渠道来评估其可信度。一是查看平台的运营主体和背景，了解其是否为正规公司运作，是否取得相关资质和许可；二是留意平台的口碑和用户评价，特别是曾经在该平台求职的用户反馈，他们的实际使用体验最具参考价值；三是关注平台对信息安全和职位真实性的重视程度，看其是否有明确的相关规定和举措;四是试用平台提供的服务,评估其专业性和可用性,感受有无不适当的信息收集行为。

对大学生而言,掌握辨别平台可信度的方法至关重要。一方面,求职过程中需要提供大量个人信息,包括身份证号、学历证明、工作经历等隐私数据,一旦泄露可能造成身份被冒用、信息被不法分子利用等严重后果。因此,确保信息安全是平台选择的首要标准。另一方面,求职本身就是一个耗时耗力的过程,虚假职位信息会让大学生付出大量时间和精力,却得不到任何回报,甚至可能因此错过真正的好机会。可信赖的求职平台能够帮助大学生避免这些陷阱,提高求职效率和成功率。

当今网络时代,不法分子利用各种手段窃取个人信息牟利,虚假招聘信息屡见不鲜。一些平台为追求流量和商业利益,对职位发布审核不严,导致大量“陷阱”出现,给大学生带来困扰和伤害。面对这些乱象,求职平台应不断加强自律和监管,完善身份认证和信息加密机制,创新技术手段识别和过滤虚假信息。同时,主管部门和行业协会应加大监管力度,对违规平台予以严厉查处,维护大学生的合法权益。

(二)平台服务与特色功能

不同网络求职平台在功能、定位和优势方面各有侧重,大学生需要全面了解并比较这些差异,选择最适合自己的平台。就易用性而言,一些平台注重界面设计和操作流程的优化,为大学生提供流畅、直观的体验;另一些平台更强调信息的全面性和专业性,可能在使用上稍显复杂。从信息量的角度看,综合性平台涵盖各行各业,信息量巨大,垂直性平台则聚焦特定领域,提供更专业、精准的职位信息。

大学生在比较平台优势时,需关注其独特的功能和服务。例如,有些平台提供在线笔试、面试等功能,方便大学生与企业的远程沟通;有些平台注重人才测评,帮助大学生全面认识自我、明确职业定位;还有一些平台搭建了校企合作的桥梁,为应届毕业生提供专属服务。这些特色功能往往能带来额外的便利和助力。

除了功能优势,平台所聚焦的细分领域和目标群体也是重要参考因素。例如,某些平台专注于为互联网技术人才服务,汇聚了大量相关企业的招聘信息;另一些平台则立足校园,为广大学生提供职业规划指导和就业服务。大学生应根据自身的专业背景、职业发展阶段,选择与之契合的平台。

(三)平台适用性与行业专长

在选择网络求职平台时,大学生应该充分考虑平台的适用性和行业专长,选择与自身求职目标和专业背景相匹配的平台。这不仅有助于提高求职效率,节省时间和精力,更能够确保获得高质量的就业机会,实现职业发展目标。

不同的网络求职平台在用户群体、岗位类型、行业覆盖等方面存在差异。有些平台综合性较强,涵盖各个行业和职业,有些平台则专注于特定领域。同时,不同平台所揭示的企业文化氛围、人才选拔标准各不相同。选择契合自身情况的平台,能够帮助大学生更加精准、高效地锁定目标职位,提高求职成功率。

对大学生而言,专业背景是选择求职平台的重要依据。理工科学生可以重点关注与本专业密切相关的垂直类平台;文科学生则可以选择综合性平台。一些高校还建立了校园招聘网,对接知名企业,发布专属岗位。充分利用这些资源,能够在竞争中赢得先机。

除了专业契合度,大学生还应评估自身的职业定位和发展路线,选择与之匹配的求职平台。例如,创业型人才可以关注投资界、创业邦等平台,了解创业资讯,寻找合作伙伴;学术研究型人才则可以选择科研社区、高校人才网,发掘科研院所、高校的就业机会。

随着职业发展阶段的不同,大学生的目标和需求会发生变化。因此,应该根据实际情况,适时调整所利用的平台类型。例如,应届生在初入职场时可以借助校园招聘网站,在积累一定经验后,则可以转向行业垂直类平台,寻求更高层次的发展机会。

二、网络简历的投递策略

(一)简历优化与个性化

简历是大学生向用人单位展示自我、传递信息的重要媒介。在网络求职平台投递简历时,优化和个性化简历内容尤为重要。一份突出专业技能和工作经验的简历,能够有效吸引招聘者的注意力,提高求职成功率。

优化简历结构和版式设计至关重要。一份结构清晰、版式美观的简历更容易给人以专业、严谨的印象。大学生应合理规划简历版面,突出重点内容,如教育背景、工作经历、专业技能等,并使用恰当的字体、字号和颜色,提高简历的可读性和吸引力。同时,简历应保持整洁简约的风格,避免过于花哨的设计或不必要的装饰,以免分散招聘者的注意力。

简历内容应突出大学生的专业技能和工作经验。在教育背景方面,大学生应重点介绍与目标岗位相关的学习经历,如主修课程、学术成果、实践项目等,体现自身的专业素养和学习能力。在工作经历方面,大学生应详细描述曾担任的职务、承担的职责和取得的成绩,用具体事例和数据说明自己的工作能力和业绩水平。对于大学生而言,可重点突出在校期间的实习经历、社团活动、志愿服务等,展现自己的实践经验和综合素质。

简历应针对不同的招聘岗位进行个性化定制。每个岗位对大学生的要求都有所不同,因此投递简历时应仔细研读招聘信息,了解岗位所需的知识技能和任职要求,有针对性地调整简历内容。例如,技术类岗位可重点突出专业技能和项目经验,管理类岗位可侧重领导力和团队协作能力,销售类岗位可强调业绩成果和客户服务意识。个性化的简历能够让招聘者感受到大学生的用心和匹配度,提高简历筛选通过率。

简历中应适当融入大学生的个人特色和亮点。在保证简历专业性和严谨性的同时,大学生可通过特长爱好、获奖经历、社会实践等方面展现自己的独特魅力,让简历更富个性和吸引力。但需注意把握分寸,避免过度包装或夸大其词,确保简历内容的真实性和可信度。

在语言表达方面需要格外用心。简历文字应简洁凝练、逻辑清晰,避免啰唆冗长或语义不清。每一句话都应直击要点,体现大学生的职业素养和沟通能力。同时,文字表述应规范得体,杜绝错别字、语病等低级错误。一份文字精练、表达准确的简历,更能赢得招聘者的青睐。

(二)投递时间与频率的掌握

把握网络求职平台简历投递的时机和节奏,对提高简历被人事注意到的概率至关重要。考虑到招聘工作通常在工作日进行,简历在一周开始的前2~3天投递更容易引起人事的关注。同时,一般在上午9点至11点是人事处理简历的高峰期,在这个时间段内投递简历更有优势。

简历的投递频率需要把控得当。过于频繁地向同一公司投递简历,容易给人事留下不专业、缺乏诚意的印象。通常情况下,对于感兴趣的职位,2周左右投递一次简历即可,既能保持对职位的持续关注,又不会造成过度骚扰。

三、网络求职信息的筛选与利用

(一)求职信息的有效辨识

在求职过程中,大学生可能会接触到大量的招聘信息。然而,并非所有的求职信息都是真实可靠的,其中不乏一些虚假信息和招聘陷阱。这些虚假信息不仅会浪费大学生宝贵的时间和精力,更可能给大学生带来经济损失和心理伤害。因此,大学生要学会辨别虚假求职信息,远离招聘陷阱。

识别虚假求职信息需要大学生提高警惕,运用一定的辨别技巧。大学生应该注意甄别招聘单位的真实性。一些不法分子可能会冒用知名企业的名义发布虚假招聘信息,因此大学生需要通过官方渠道核实招聘信息的真实性。大学生要警惕那些承诺高薪、无须经验、无须学历的招聘信息。这些看似诱人的条件往往隐藏着巨大的风险,很可能是传销、诈骗等非法组织设下的陷阱。此外,大学生应该仔细甄别招聘信息中的细节,留意是否存在语言表述不清晰、联系方式可疑、要求缴纳各种费用等异常情况。这些细节往往暗示着招聘信息的虚假性。

除了提高警惕,大学生还应掌握一些实用的辨别虚假信息的方法。例如,大学生可以利用搜索引擎检索企业的背景资料,了解其经营状况和社会口碑。对于无法核实真伪的企业,大学生可以先去实地考察,看看企业是否真实存在。遇到可疑的招聘信息,大学生也可以求助相关部门,如当地的劳动部门、工商部门等,让专业人士帮忙甄别真伪。大学生还应该与身边的朋友、师长多交流,听取他们的意见和建议,避免孤立无援地落入招聘陷阱。

(二)构建关键词和筛选标准

构建精准的关键词和合理的筛选标准,是提高网络求职效率的关键。大学生需要根据自身的学历背景、专业特长、职业规划等因素,提炼出能够准确概括自身优势和求职目标的关键词。这些关键词不仅要突出大学生的专业技能和工作经验,还要体现其职业素养和发展潜力。例如,一名有志于从事金融工作的应届毕业生,可以选择“金融学”“财务分析”“风险管理”等专业领域的关键词,同时辅以“责任心强”“团队协作”等软实力关键词,全面展示自己的综合优势。

在明确关键词后,大学生需要根据岗位需求设定合理的筛选标准。一方面,筛选标准要符合自身的求职意向和职业发展规划,避免盲目海投和无效投递;另一方面,筛选标准要具有一定的包容性和灵活性,不能过于狭隘和僵化,以免错失合适的就业机会。大学生可以从工作地点、薪酬待遇、职位名称、企业性质等多个维度设置筛选条件,并根据实际情况动态调整。例如,对工作经验有限的大学生而言,可以适当放宽对薪酬的要求,更加重视岗位的发展空间和学习机会。

大学生应该充分利用网络平台提供的智能匹配和推荐功能,提高职位筛选的针对性和精准度。一些求职网站和应用程序能够根据用户的简历内容、投递记录等数据,自动推荐与其背景相匹配的职位,为大学生节省大量筛选时间。大学生可以定期查看和参考这些推荐结果,并根据反馈优化自己的关键词和筛选策略。

关键词和筛选标准需要随着就业形势、行业动态的变化而不断更新和优化。大学生要保持对市场需求的敏感性,及时了解和掌握新兴行业、热门职位的用人标准和技能要求,调整自身的关键词布局和筛选策略,以适应瞬息万变的就业环境。例如,随着大数据、人工智能等新兴技术的崛起,拥有相关技能和经验的大学生可以将"机器学习""数据挖掘"等关键词纳入自己的优势描述,以吸引更多雇主的关注。

(三)资讯整合与深度挖掘

在网络求职过程中,资讯整合与深度挖掘是全面了解企业背景和岗位要求的关键。大学生需要通过多渠道、多角度地收集和分析与目标企业和职位相关的信息,才能准确把握用人单位的需求,提高求职的针对性和成功率。

大学生应该充分利用网络平台提供的各类资源,全方位了解目标企业的基本情况。这包括企业的发展历史、经营理念、组织架构、业务范围、市场地位等。通过查阅企业官网、新闻报道、行业分析报告等渠道,大学生能够系统地掌握企业的背景信息,深入理解其发展战略和人才需求。同时,大学生还应关注企业在社交媒体上的动态,社交媒体通常会发布企业最新动向、重大事件、校园招聘信息等,有助于大学生及时跟进企业动态,把握机会。

大学生需要重点挖掘与目标岗位直接相关的信息。这既包括岗位的基本要求,如学历背景、专业技能、工作经验等,也包括岗位的具体职责、工作内容、发展前景等。大学生可以通过仔细研读企业发布的招聘启事,了解岗位的选人标准和任职要求。同时,大学生还应主动搜索与目标岗位相关的行业资讯、职业发展路径、专业技能等信息,全面理解岗位的内涵和发展方向。大学生可以尝试与在目标企业或相关行业工作的人士交流,通过"信息访谈"的方式,获取更加具体和具有实践性的岗位信息。

大学生应综合运用各类信息,深度剖析企业文化与岗位特点。企业文化是企业的灵魂,深刻影响着员工的工作方式和职业发展。大学生需要通过企业资讯传递出的价值理念、经营风格、管理模式等,分析企业的文化特征,判断自己是否与之契合。同时,大学生还应结合岗位的具体要求,评估自身的知识、能力、经验等是否与之匹配,并有针对性地进行提升和完善。

四、网络求职中的沟通与互动

在网络求职中,高效沟通是大学生必须掌握的关键技能。网络工具为大学生提供了便捷、高效的沟通渠道,大学生要运用网络工具快速、准确地传递信息。

1. 选择合适的网络沟通工具

目前,电子邮件、即时通信软件、视频面试平台等都是常用的网络沟通工具。大学生需要根据不同的沟通对象和目的,灵活选择合适的工具。例如,与招聘者进行正式沟通时,使用电子邮件更加得体;与其他大学生交流经验时,即时通信软件则更加便捷。选对工具,是进行高效网络沟通的前提。

2. 掌握网络沟通的基本技巧

无论是书面还是口头沟通,大学生都应该使用得体的语言,清晰、简洁地表达自己的意图。在书面沟通中,大学生要注意邮件的格式、称呼、署名等细节,给人以专业、严谨的印象。在视频面试中,大学生需要注重仪表礼仪,保持镜头的正确位置,使用适度的肢体语言,传达自信、积极的态度。掌握沟通技巧,能够帮助大学生在网络环境中建立良好的职业形象。

3. 提高网络沟通的效率

在网络求职中,招聘者往往需要同时处理大量大学生的咨询和申请。如果大学生的沟通冗长、含糊,不仅浪费双方时间,还可能给招聘者留下不专业的印象。因此,大学生在网络沟通时,应该尽量简明扼要,突出重点。对一些常见问题,大学生可以提前准备好答案,减少不必要的沟通时间。高效的网络沟通,能够提升大学生的竞争力。

4. 重视网络沟通的持续性

在网络求职过程中，大学生要主动与招聘者保持联系，适时了解招聘进展，表达自己的诚意。但是，过于频繁、无意义的沟通会给招聘者带来困扰。大学生需要把握分寸，选择恰当的时机和方式进行沟通，维护与招聘者的良好关系。持续、有效的网络沟通，是求职成功的关键因素。

第五章　大学生创业规划与实践

第一节　大学生创业的概念与意义

一、大学生创业的定义与特点

（一）创业的基础理解

大学生创业是指在校大学生利用自身所学知识和技能，通过市场机会识别、资源整合和价值创造，开办新的企业或项目，以实现自我价值和社会价值的过程。这反映了社会对大学生群体在创新创业方面的殷切期望，也折射出当代大学生积极进取、敢于创新的时代风貌。

深入剖析大学生创业的内涵，需要从多个维度进行考量。大学生创业是一种创新型的经济活动。与一般的创业活动相比，大学生创业更强调创新精神的发挥和新技术、新模式的应用。大学生创业者凭借其掌握的专业知识和前沿技术，能够敏锐地捕捉市场机遇，开发出满足社会需求的新产品、新服务，推动产业结构升级和经济发展方式转变。同时，大学生创业是一种价值驱动型的社会活动。当代大学生普遍具有强烈的社会责任感和使命感，他们立志运用所学回馈社会，通过创业实现自身价值和社会价值的统一。大学生创业项目往往蕴含着教育公平、环境保护、文化传承等社会问题的创新解决方案，充满了青春理想主义的色彩。

作为一种独特的教育形态和人才培养模式，大学生创业具有鲜明的成长导向。在创业实践中，大学生能够将课堂所学与社会实际紧密结合，在真实的市场环境中锻炼和提升各方面的综合素质。无论创业过程是否顺利,都能使其在专业技能、管理能力、人际沟通、挫折应对等方面得到全面历练和快速成长。这种培养具有开放性、探索性和擅长应对不确定性的创新型人才的教育模式,正是应对当今社会多变性和不确定性的有效途径。

大学生创业是连接高校与社会的桥梁纽带。通过鼓励和支持大学生创业,高校能够推动科技成果的转化和产业化,实现产学研深度融合,提升服务区域经济社会发展的能力。而社会各界对大学生创业的关注和支持,也有助于营造良好的创新创业生态,为大学生成长成才创造更加广阔的舞台。

(二)创业的独特性

大学生创业作为一个特殊的创业群体,与一般意义上的创业有着显著的区别。大学生创业者普遍年龄较小,缺乏社会和行业经验,但他们思维活跃,富有创新精神,敢于挑战传统,勇于开拓新的领域。这种特点决定了大学生创业在动机、资源、模式等方面都具有自身的独特性。

从创业动机来看,大学生创业更多地源于内在需求,如实现自我价值、追求人生理想等,而非单纯地为了赚钱。大学生希望通过创业来展示自己的才华,证明自己的能力,实现人生的抱负。

从创业资源来看,大学生创业者虽然在资金、人脉、经验等方面存在先天不足,但他们却拥有得天独厚的智力资源优势。大学是知识和创意的集散地,大学生可以利用学校的实验室、图书馆、数据库等资源,吸收前沿知识,开展创新研究。同时,大学生还可以得到老师和校友的指导帮助,与志同道合的伙伴组建团队,这些都是一般创业者难以获得的宝贵资源。

从创业模式来看,大学生更倾向于选择知识密集型、科技含量高的项目,注重创新能力和核心技术的培育。大学生擅长利用新兴技术和商业模式,开拓细分市场,满足新的消费需求。

二、大学生创业的社会意义

(一)创业与就业促进

大学生创业不仅为大学生自身提供了实现价值、施展才华的舞台,更为社会创造了大量就业机会。

大学生群体知识水平高、思维活跃、接受新事物能力强,往往能够捕捉到新兴产业和细分市场的机遇,开拓出全新的就业空间。他们敢于打破常规,勇于尝试新的商业模式和经营理念,为传统行业注入新的活力。随着大学生创业项目的不断涌现,一批充满朝气与活力的新兴企业得以快速成长,不仅解决了自身的就业问题,更带动了更多就业岗位的创造。

大学生创业有利于推动经济结构优化升级,培育新的经济增长点。目前,在经济转型的关键时期,新旧动能转换、传统产业升级,都离不开源源不断的创新活力。大学生创业者敏锐地捕捉到新的市场需求和技术趋势,积极布局战略性新兴产业,加快新技术、新产品、新业态的研发和推广。同时,大学生还能顺应消费升级趋势,开发出更多高品质、多样化的产品和服务,满足人们日益增长的美好生活需要。每一个成功的大学生创业项目,都在为转变经济发展方式、培育发展新动能贡献力量,也为更多人创造了高质量就业的机会。

大学生创业形成了良好的示范效应,激发了全社会的创新创业热情。一个成功的创业故事,往往能鼓舞更多有志青年投身创新创业实践,形成"带动一片、辐射全局"的效应。大学生创业者以自己的亲身实践,展示了"敢闯敢干、敢为人先"的进取精神和"埋头苦干、坚持不懈"的拼搏品格,激励更多人走上创新创业之路。大学生的成功经验得以广泛传播,为更多创业者提供了宝贵的借鉴和启示,营造了"大众创业、万众创新"的浓厚氛围。在这个过程中,积极向上、开拓进取的社会风尚得以形成,创新创业逐渐成为引领就业、推动发展的重要力量。

大学生创业能发挥就业指导和培训的独特作用。很多高校利用自身的人才优势,积极开展创业教育和创业孵化,为在校生和毕业生提供全方位的创业指导服务。通过理论培训、实战演练、项目孵化等方式,高校帮助大学生提升创业能力,规避创业风险,增强创业信心。一批优秀的创新创业项目在此过程中加速成长,不仅为大学生创业者提供了施展才华的平台,也为其他大学生树立了学习的榜样,带动更多人投身创新创业实践。

(二)对社会经济的贡献

当代大学生思维活跃、知识广博,敢于突破常规,勇于开拓创新。大学生善于运用所学知识解决实际问题,以新颖独特的视角审视社会现实,提出富有创意的解决方案。这些创新项目不仅为社会发展注入了新的活力,更成为推动经济增长的重要引擎。

大学生创新项目具有巨大的潜在价值。一方面,创新项目往往聚焦前沿科技、新兴产业等领域,代表着未来经济发展的方向。通过将创新理念转化为现实生产力,大学生项目能够催生新的经济增长点,助力产业结构优化升级。另一方面,大学生创业项目的涌现,为社会提供了更多的就业机会。随着项目的不断发展壮大,越来越多的人才能够在此实现自身价值,缓解就业压力,促进社会和谐稳定。

大学生创新项目发挥着不可替代的作用。创新项目立足社会需求,以解决现实问题为出发点,在教育、医疗、环保等多个领域形成了丰硕成果。例如,某高校学生团队设计开发的在线教育平台,为偏远地区学生提供了优质教育资源,有效缩小了教育鸿沟;一项针对农村饮水安全的创新方案,通过技术和模式创新,让更多农村居民喝上了干净放心的水。这些项目以创新的方式满足了社会多样化、差异化的需求,切实提升了人民群众的获得感和幸福感。

大学生创新项目的社会价值体现在创新文化的培育和传播上。在项目实施过程中,大学生充分发挥主观能动性,以“敢为天下先”的勇气挑战自我、突破束缚。大学生的创新实践不仅为自身成长积累了宝贵经验,也向全社会传递了积极向上、敢于创新的价值观念。这种良性互动有助于营造崇尚创新、鼓励创造的社会氛围,为未来发展储备源源不断的创新动力。

(三)对文化创新与社会价值观的塑造

通过创业实践,大学生能够突破传统思维模式的束缚,以创新的视角审视社会现实,发掘新的机遇和可能性。这种创新精神不仅体现在商业模式和产品服务上,更体现在对社会责任的承担和价值追求上。

当代大学生群体思维活跃,勇于接受新事物,敢于质疑和挑战既有观念。在创业过程中,他们往往能够敏锐地捕捉社会需求的变化,以开放包容的心态吸收多元文化,在交流碰撞中激发创意灵感。这种创新意识不仅推动了商业形态的多样化发展,催生出诸多独具特色的创业项目,也为社会文化注入了新的活力,带来观念更新和行为范式的改变。大学生创业者以其鲜明的个性特征和价值追求,成为引领社会风尚的新生力量。

大学生创业肩负着传播先进文化、弘扬时代精神的使命。当代大学生深受社会主义核心价值观的熏陶,具有强烈的家国情怀和人文关怀。在创业实践中,许多大学生自觉将个人理想与社会进步相结合,积极投身科技创新、环境保护、教育帮扶等领域,在实现自身价值的同时,也为社会发展贡献智慧和力量。大学生所展现出的创新精神、责任担当和奉献意识,正是社会主义先进文化的生动体现,对凝聚社会共识、引领社会风尚具有重要作用。

大学生创业对社会文化和价值观的影响是一个长期而渐进的过程。一方面,大学生创业群体自身尚处于成长和发展阶段,其价值观念和行为方式还有待进一步成熟和完善;另一方面,大学生创业项目能否真正落地生根、推动社会进步,还取决于创业环境的优化和政策的支持。因此,高校和社会各界应该为大学生创业者营造良好的成长氛围,在政策扶持、资金援助、指导服务等方面给予必要帮助,并引导其将个人追求与社会责任相统一,在创新创业中彰显青春风采,书写时代华章。

三、大学生创业的个人成长价值

(一)能力与素质的全面提升

创业是一个充满挑战和机遇的过程,它不仅为大学生提供了实现自我价值的平台,更成为其全面发展的重要途径。在这个过程中,大学生的能力和素质得到了全方位的磨砺和提升。

1. 帮助大学生将所学知识与实际应用相结合

在课堂上,大学生学习了经济学、管理学、市场营销等专业理论,但这些知识往往较为抽象。而在创业过程中,大学生需要运用理论知识分析市场环境、制定经营策略、开展财务管理,从而加深对专业知识的理解,提升知识的应用能力。同时,创业实践还能拓宽大学生的知识视野。大学生需要了解行业动态、把握技术前沿、研究消费者需求,这促使其主动学习,不断补充和更新自己的知识结构,形成持续学习的良好习惯。

2. 全面锻炼大学生的综合能力

创业强化了大学生的领导力和管理能力。作为创业团队的领头人,大学生需要制订发展规划、统筹资源配置、协调内外关系,这一系列管理实践锻炼了其领导力。创业提升了大学生的沟通表达能力。无论是与团队成员交流,还是与客户、投资人沟通,大学生都需要清晰、有效地表达自己的想法,这提升了其语言表达和人际交往能力。创业培养了大学生解决问题的能力。创业过程充满了各种困难和挑战,大学生必须学会分析问题、解决问题,这锻炼了其独立思考和创新能力。创业还提高了大学生的抗压能力和坚韧品质。创业之路并非一帆风顺,面对挫折和失败,大学生学会了调整心态、重新出发,这种百折不挠的品格将使其受益终身。

3. 历练大学生的人格特质

在创业过程中,大学生需要承担风险、担当责任、服务他人,这些经历培养了其勇气、责任心和奉献精神。同时,创业实践还培养了大学生的诚信品质。诚实守信是创业成功的基石,在与各方交往中,大学生必须言而有信、遵守承诺,久而久之,诚信便内化为其品格的一部分。创业还陶冶了大学生的情操。创业者常怀梦想、勇于追求,这种积极进取的人生态度将伴随大学生一生。

(二)自我实现与职业发展

创业是大学生实现自我价值、促进职业生涯发展的重要途径。在创业实践中,大学生能够将所学知识与实际应用相结合,深化对专业领域的理解,锻炼和提升各项职业技能。创业过程中遇到的挑战和困难,也能够促使大学生不断进行自我反思和完善,加速个人成长。具体而言,创业有助于大学生在以下几个方面实现自我价值和促进职业发展。

第一,创业能够帮助大学生找准职业定位。通过创业实践,大学生可以深入了解自己的兴趣所在、专长优势和发展志向,进而确立清晰的职业目标和发展方向。这种自我认知和职业规划,是大学生成功就业和长远发展的重要基础。

第二,创业为大学生积累职场经验提供了宝贵机会。在创业过程中,大学生需要参与市场调研、产品研发、营销推广等一系列环节,这些经历能够帮助其把握行业发展动态,了解企业运作规律,积累实战经验和人脉资源。无论创业最终成功与否,这些经验都将成为大学生职业生涯的"底色",为其未来就业和发展奠定坚实基础。

第三,创业是大学生锤炼意志品质,提升综合素养的有效途径。创业需要创业者具备坚韧不拔的意志和持之以恒的毅力。在创业过程中,大学生难免会遇到各种困难和挫折,但正是在一次次挑战中,他们才能真正锻炼出不屈不挠的意志品质，提升抗压能力和心理素质，为今后的职业发展做好准备。

第四，创业能够激发大学生的创新潜能，培养其创新精神和创业能力。当代社会瞬息万变，唯有创新才能立于不败之地。通过创业，大学生能够拓宽视野、打破思维定式，学会用全新的视角审视问题，提出创新的解决方案。这种创新意识和创业能力，正是新时代高素质人才的核心竞争力。

第二节 大学生创业项目的选择与分析

一、创业项目的主要分类

创业项目的分类是创业者选择和确定创业方向的重要依据。根据不同的分类标准，创业项目可以划分为多种类型。其中，按照行业、规模和创新程度进行分类是较为常见和实用的方式。

从行业角度看，创业项目可以分为工业类、农业类、服务业类等。工业类创业项目通常涉及制造业、建筑业等领域，需要较大的资金投入和技术支持；农业类创业项目侧重于种植业、养殖业、农产品加工等方面，对土地、气候等自然条件有较高要求；服务业类创业项目包括零售、餐饮、教育、医疗、金融等众多领域，以提供无形产品或服务为主，对人力资源和管理能力的依赖性较强。创业者需要根据自身的专业背景、兴趣爱好及市场需求，选择适合的行业领域。

从规模角度看，创业项目可以分为小微型、中型和大型三类。小微型创业项目通常由个人或小团队发起，资金投入较少，经营规模有限。这类项目灵活性强，适合初次创业或资源有限的创业者；中型创业项目在资金、人员和市场规模上相对较大，需要更加完善的管理体系和运营模式；大型创业项目涉及大规模的资源整合和市场开拓，风险和收益并存，对创业者的综合能力要求很高。创业者需要根据自身的资源禀赋和风险承受能力，选择适合的创业规模。

从创新程度来看，创业项目可以分为模仿型、创新型和颠覆型三种类型。模仿型创业项目是指借鉴和复制已有的成功商业模式,在特定市场或区域进行推广和应用。这类项目风险相对较低,但同质化竞争压力大,利润空间有限。创新型创业项目注重在产品、服务或商业模式上进行优化和改进,以差异化的特色吸引目标客户。这类项目需要一定的创新能力和市场洞察力,但也蕴藏着更大的发展潜力。颠覆型创业项目致力于开创全新的赛道,以创新性的技术或理念对既有行业格局形成冲击。这类项目往往代表着未来的发展方向,但也面临着更大的不确定性和挑战。创业者需要根据自身的创新意识和能力,选择相应的创业项目类型。

二、创业项目的市场前景分析

只有深入了解目标市场的特点和需求,才能设计出满足消费者需要、具有市场竞争力的产品或服务。因此,创业者必须掌握各种市场调研方法,全面收集和分析市场数据,准确把握市场需求和发展趋势。

市场调研的手段多种多样,包括问卷调查、深度访谈、焦点小组讨论等。问卷调查通过设计结构化的问题,广泛收集消费者对产品或服务的看法和建议,可以获得大样本的定量数据;深度访谈侧重于与消费者进行一对一的深入交流,挖掘其潜在需求和购买动机;焦点小组讨论汇集一群目标消费者,引导他们互动讨论,激发灵感,发现新的市场机会。无论采用何种方式,关键是要针对创业项目的特点,选择最有针对性和效率的调研方法。

在设计调研方案时,创业者需要明确调研目标,界定目标受众,合理确定样本量和抽样方法。只有调研对象具有代表性,调研结果才能真实反映市场需求。创业者还要注意调研问题的设计,避免引导性、模糊性的提问,确保获得客观、有效的数据。在数据收集过程中,创业者要严格控制数据质量,剔除无效或不完整的样本,提高数据的可靠性。

收集到市场数据后,创业者需要运用各种分析方法和工具,全面挖掘数据背后的价值。常用的分析方法包括描述性统计分析、相关性分析、回归分析等。通过对数据进行汇总、对比、关联,创业者可以洞察消费者的特征、偏好、行为模式,发现市场的痛点和机会。在分析过程中,创业者要善于从数据中提炼关键信息,总结规律,形成有价值的市场洞察。

三、创业项目的可行性分析

(一)经济可行性分析

经济可行性分析通过系统地评估项目的成本结构和收益预期,为创业者提供了宝贵的决策参考。具体而言,经济可行性分析主要包括两个方面:成本估算和收益预测。

在成本估算方面,创业者需要全面考虑项目运营过程中可能涉及的各项支出,如原材料采购、人工成本、设备投入、场地租赁等。创业者要对项目的业务流程、资源需求有深入的了解,并能够根据市场价格水平做出合理的成本预算。同时,创业者还应该考虑项目在不同发展阶段的资金需求变化,合理安排资金使用计划,避免出现资金链断裂的风险。精准的成本估算不仅有助于创业者控制项目支出,也为后续的收益预测和风险评估提供了重要依据。

在收益预测方面,创业者需要根据产品或服务的市场定位,结合目标消费群体的购买力水平和消费习惯,对项目的销售收入做出科学预测。这个过程往往需要运用市场调研、数据分析等方法,深入了解市场需求和竞争格局。在此基础上,创业者还应该考虑项目的盈利模式、定价策略等因素对收益水平的影响,力求做出更加准确、全面的收益预测。科学的收益预测能够帮助创业者判断项目的盈利能力和投资价值,为项目选择决策提供有力支撑。

成本估算和收益预测并非相互独立的过程。二者相互影响,密不可分。例如,产品定价策略的制定既要考虑市场需求和消费者心理,也要综合考虑产品成本、期望利润率等因素。因此,创业者在进行经济可行性分析时,应采取系统思维,充分考虑成本和收益的相互作用,力求得出客观、平衡的分析结果。

(二)技术可行性分析

创新项目的技术可行性分析通过系统评估项目所需技术资源的可获得性、技术方案的合理性及创新团队的研发能力,判断项目是否具备实施条件和成功潜力。只有经过严谨、全面的技术可行性论证,才能为创业项目的顺利推进提供坚实基础。

1. 全面盘点项目所需的关键技术

关键技术既包括已经成熟、市场上可以直接获取的技术,也包括需要自主研发或与外部机构合作攻关的核心技术。创业团队需要客观评估每项关键技术的成熟度、复杂度和获取难度,明确技术瓶颈和风险点。同时,创业团队还要审视技术在项目中的应用场景和实施路径,确保技术方案的合理性和可操作性。

2. 评估创新团队的研发能力

作为项目实施的主体,创业团队的技术实力直接决定项目能否突破关键技术瓶颈,实现预期目标。因此,必须客观审视团队成员的专业背景、研发经验和创新潜力,判断其能否胜任关键技术攻关任务。如果内部研发力量不足,还需要制订外部技术合作方案,通过与高校、科研院所等机构开展产学研合作,引进所需的技术资源和人才支撑。

3. 关注技术创新的可持续性

随着市场环境和用户需求的快速变化,创业项目必须具备持续创新能力,通过不断优化、迭代技术方案,保持产品和服务的竞争优势。创业团队要建立完善的技术创新机制,营造鼓励创新、宽容失败的文化氛围,为技术人才的成长和发挥作用提供良好环境。同时,创业团队还要高度重视知识产权保护,通过专利申请、商业秘密管理等方式,对核心技术形成有效的法律保护,避免被竞争对手模仿、超越。

四、创业项目的选择策略

(一)结合个人专长与市场需求选择项目

结合个人专长选择创业项目,需要考虑个人的知识结构、技能储备与兴趣爱好等因素。每个人都有自己独特的才能禀赋和专业特长,这些特质往往源自个人的学习背景、工作经历和生活阅历的积淀。将创业项目建立在个人专长之上,不仅能充分发挥自身优势,提高创业成功率,也能在创业过程中获得更多的成就感和满足感。

创业项目的选择,要深入分析市场需求和发展趋势。优秀的创业项目必须紧扣市场脉搏,切合目标群体的实际需要。创业者要跳出自身专业领域的局限,站在更广阔的视角审视市场动态,捕捉新的机遇和可能性。通过系统的市场调研和数据分析,创业者才能准确把握消费者需求走向,找准项目的市场定位。

个人专长和市场需求的有机结合,是选择创业项目的关键。创业者要充分挖掘个人专长的商业价值,思考如何将其转化为满足市场需求的产品或服务。这个过程需要创新思维和独到见解,需要不断尝试和修正,直至实现个人专长与市场需求的完美契合。成功的创业项目往往能巧妙地将创业者的专业特长应用到新的领域或场景中,以独特的方式解决目标群体的痛点和需求。

(二)长期发展视角下的项目选择

创业项目的选择不仅决定了一个创业计划的起点,更关乎其未来发展的方向和可持续性。因此,大学生在选择创业项目时,必须要树立长远的发展眼光,充分考虑项目的持续性和可拓展性。只有选择具备长期发展潜力的创业项目,才能为创业之路奠定坚实基础,实现事业的可持续发展。大学生在衡量创业项目的持续性时,需要考虑以下几个关键因素。

1. 市场需求的持续性

优质的创业项目必须建立在对市场需求的精准把握之上。只有紧跟市场发展趋势,深入洞察消费者需求变化,才能确保创业项目的生命力。大学生要善于分析市场环境,捕捉新的消费热点,从而选择能够持续满足市场需求的创业方向。

2. 核心竞争力的持续性

任何一个成功的创业项目,都必须拥有自己独特的核心竞争力,这是保证其在激烈的市场竞争中立于不败之地的关键。大学生要充分发掘自身的专业特长、资源禀赋等优势,选择能够发挥自身长处的创业领域。同时,大学生还要注重创新能力的培养,不断开发新产品、新服务,巩固自身的竞争优势,提升项目的可持续发展能力。

3. 盈利模式的持续性

创业项目只有建立在合理、可行的盈利模式之上,才能实现长期稳定的发展。大学生在选择创业项目时,要全面评估项目的成本结构和收入来源,设计出清晰、高效的盈利途径。此外,大学生既要重视前期投入的控制,也要注重后续营收的拓展,力争在保证现金流稳定的基础上实现利润的最大化,从而为项目的持续经营提供有力支撑。

第三节　大学生创业团队的组建与管理

一、创业团队组建的基本原则

(一)团队目标一致性的原则

团队目标一致性要求每个成员对团队目标有着高度的认同感和使命感,真正凝聚团队的力量,激发成员的潜能,推动团队不断前行。在创业的过程中,团队难免会遇到各种困难和挑战,如资金短缺、市场波动、技术瓶颈等。面对这些困境,如果团队成员对目标产生怀疑和动摇,就很容易丧失斗志,甚至选择放弃。反之,如果成员对目标有着坚定的信念和执着的追求,就能携手共渡难关,迎接挑战。

目标的一致性不仅能够增强团队的凝聚力,还能提高工作效率和决策质量。当团队成员对目标达成共识时,他们在开展工作时就有了明确的方向和标准,能够更加高效地配置资源,协调行动。同时,在面临重大决策时,团队成员能够基于一致的目标进行理性讨论和权衡,做出最有利于团队发展的选择。反之,如果团队目标存在分歧和矛盾,成员各自为政,工作难以协调,决策也容易陷入争议和混乱。

创业团队要基于市场需求和自身优势,确立清晰、可行的团队愿景和使命,为团队指明前进的方向。要通过有效的沟通与交流,让每个成员都能深刻理解和内化团队目标,将个人追求与团队发展紧密结合。要营造民主、平等的团队氛围,鼓励成员积极参与目标的讨论和制定,增强其主人翁意识。

随着内外部环境的变化,团队目标需要进行动态调整和优化,以保持其时代性和适切性。同时,要定期评估目标达成情况,总结经验教训,并据此对目标进行必要的修正和完善。只有让团队目标始终处于动态发展和不断完善之中,才能为团队的长远发展提供持久动力。

(二)成员才能互补的原则

一支优秀的大学生创业团队需要尽可能汇集成员的多方面才能,形成知识与技能等的互补。

在知识互补方面,每个成员都有其专长和优势,如果能够充分发掘和利用这些个体优势,就能产生“1+1>2”的协同效应。例如,在一个跨学科创业项目中,需要有擅长技术研发的工科背景成员,也需要具备市场洞察力的经管专业成员,还需要懂得法律知识的法学背景成员。团队成员专业背景的多元化,可以让项目的各个环节都有专业人士把关，最大限度地降低创业风险。

创业团队应该在成员能力上做到优势互补。通常，一个全面的创业项目需要产品研发、生产制造、市场营销、财务管理等各个方面的人才。单一成员难以兼顾所有工作，因此必须发挥各自所长，明确分工，通力合作。当团队成员各展所长、默契配合时，创业项目的执行效率和成功概率都会大大提升。

除了知识结构和专业能力的互补，优秀创业团队的成员还应在性格特质、为人处事方面形成优势互补。创业过程充满艰辛和意外，需要成员之间互相支持、互相鼓励。性格外向、乐观积极的成员可以在团队士气低落时带来欢笑，遇事沉着冷静的成员则可以在关键时刻稳定军心。同时，在面对外部合作伙伴时，思维缜密的成员可以审慎决策，善于交际的成员则可以努力争取资源。个体特质的多样性组合，能够让创业团队更从容地应对各种困难和挑战。

成员才能的互补性是大学生创业团队的核心竞争力所在。知识结构、专业技能、性格特质等的多样化组合，能够让团队更全面地洞察机会，更有效地规避风险，更从容地战胜困难。在日益复杂的创业环境中，这种互补优势是创业成功的制胜法宝。对有志于创业的大学生而言，除了提升自身才能，更应以开放包容的心态寻找志同道合者，优势互补、通力合作，携手创造无限可能。

（三）团队文化共融的原则

优秀的创业团队需要成员之间形成共同的价值观和行为准则，营造积极向上、充满活力的团队氛围。只有当每个成员都认同并践行团队的核心价值观，才能凝聚人心，激发斗志，携手应对创业路上的种种挑战。

首先，创业团队要提炼和弘扬优秀的价值理念。这些价值理念不仅彰显团队的独特个性，更是指引成员行为的道德准绳。诚信、协作、创新、责任、效率等，都是值得创业团队大力倡导的宝贵品质。团队可以通过多种方式，如制定团队公约、开展主题活动、树立榜样人物等，让正向价值深入人心。当积极向上的价值观成为每个成员的自觉追求时，他们就能发挥出高度的凝聚力和创造力。

其次，创业团队要促进成员之间的良性互动。卓越的团队不仅要有共同的目标,还要有彼此信任、互帮互助的同舟共济精神。领导者要以身作则,用真诚、尊重、包容的态度对待每一位成员。同时,要搭建沟通的桥梁,提供交流的平台,鼓励成员畅所欲言,相互启发。团队还可以适时组织户外拓展、文体活动等,在轻松愉悦的氛围中增进彼此了解,化解矛盾分歧。只有营造出和谐的团队氛围,才能让每个人都全身心投入事业,尽情发挥自己的才智。

最后,创业团队要注重文化的传承和创新。优秀的团队文化需要在实践中不断发展,与时俱进。一方面,团队要总结和提炼宝贵的文化基因,如艰苦奋斗的创业精神、锐意进取的拼搏意识等,将其作为文化传统传承下去;另一方面,团队要顺应时代变化,吸收多元文化,鼓励创新思维,焕发文化活力。可以邀请行业专家、创业先锋等举办讲座、开展交流,引入前沿理念和国际视野;也可以鼓励成员走出去考察学习,博采众长。

二、创业团队成员的选择与分配

(一)知识技能匹配的策略

一个优秀的创业团队需要具备全面而互补的知识和技能,从而有效应对创业过程中的各种挑战。因此,在选择团队成员时,创业者必须充分考虑每个人的知识背景和专业技能,确保团队在各个领域都有专业人才,形成合力。

创业者要全面评估创业项目所需的关键知识和技能。这包括专业领域知识、管理能力、市场营销、财务规划等。通过系统梳理,创业者可以明确团队在哪些方面存在知识和技能的缺口,从而有针对性地寻找合适的人选。

创业者要扩大人才搜寻的范围,利用各种渠道发掘优秀的潜在成员。这可以通过个人网络、专业社交平台、人才招聘网站等途径进行。在寻找过程中,创业者不仅要关注候选人的学历和工作经验,更要通过面试、案例分析等方式深入了解其实际能力和发展潜力。

创业者要对团队成员的知识和技能进行优化组合。一个理想的创业团队应该在专业领域有深度,在整体上有广度。这意味着每个成员都应在自己的专业领域有深厚的造诣,同时能与其他成员形成有效的互补。创业者要充分发挥每个人的专长,调动其积极性,促进知识和技能在团队内部的传递与融合。

创业者要注重团队成员知识技能的持续提升。创业环境瞬息万变,团队需不断更新知识,掌握前沿技术,以保持竞争力。创业者可以为团队成员提供学习培训的机会,鼓励其参加行业交流会议,与外部专家建立联系。通过持续学习,团队成员的知识和技能会不断优化,成员的职业适应力也会大大提高。

创业者要营造良好的团队学习氛围。要鼓励成员之间积极交流想法,分享知识心得。通过头脑风暴、项目合作等方式,让不同背景的成员交流碰撞。开放、互信的团队氛围有利于促进知识和技能的交融,提升整个团队的创新力和凝聚力。

(二)性格特质与团队协作的考量

性格特质是个体稳定的行为模式和心理特征,它深刻影响着个人在团队中的角色定位和人际互动方式。不同性格特质的人在面对挑战、解决问题、应对压力等方面表现各异,因此选择性格特质互补的成员至关重要。一个理想的创业团队需要兼具外向型、开放型、严谨型等多元特质,形成优势互补、和谐共生的良性生态。

在评估潜在成员的性格特质时,创业者首先需要深入了解候选人的行为方式和思维模式。这不仅需要通过面试、测评等常规手段,更需要在实践中观察其真实的工作状态和为人处事之道。

除了个体性格特质,成员的团队协作能力也是评估的重点。创业过程充满艰辛和挑战,需要团队成员紧密合作,以突破重围。协作能力不仅体现在日常的沟通交流中,更体现在面对困境时的同舟共济、守望相助。优秀的团队成员能够摆脱个人主义倾向,始终将团队利益放在首位。他们愿意倾听不同意见,尊重彼此的贡献,在合作中追求共同成长。选择具备协作意识和能力的成员,是保障创业团队凝聚力和战斗力的关键。

创业者应建立科学规范的评估机制,定期对成员性格特质与协作能力进行全方位诊断,不断优化团队组织结构,提升运作效率。如果团队成员出现个性不合、沟通不畅等问题,应及时采取针对性的培训和干预措施,引导其调适自我、强化合作。在潜在矛盾和冲突显现之初,创业者就要果断出击,避免小冲突演化为大矛盾。只有团队管理者以身作则,以开放包容的心态听取意见、接纳反馈,才能营造出和谐融洽、同心同德的创业氛围。

(三)角色定位与职责分配

在创业团队的组建过程中,明确每个成员的角色定位和职责分配,不仅有助于发挥每个人的专长和潜力,更能确保团队运作的高效与和谐。角色定位需要考虑成员的知识背景、技能优势和个性特点,将其与团队的目标和需求相匹配。一个合理的角色分工应该覆盖创业的各个关键领域,如技术研发、市场营销、财务管理、人力资源等,做到优势互补、各司其职。

职责分配应该具有明确性和可执行性。创业者需要与每个团队成员充分沟通,确保其明确自身职责范围和工作目标,并提供必要的指导和支持。职责分配还应体现一定的灵活性,根据创业过程中的实际情况进行动态调整,避免出现职责真空或过度重叠的现象。

在角色定位和职责分配的基础上,需建立相应的绩效评估和反馈机制。通过定期评估每个成员的工作表现,及时给予肯定或改进建议,不断优化团队的角色分工和协作效率。同时,鼓励团队成员之间的沟通与反馈,营造开放、互信的团队氛围,共同解决创业过程中遇到的各种挑战。

三、创业团队的沟通与协作机制

(一)沟通机制的建立与维护

在创业团队的发展过程中,良好的沟通能够确保团队成员之间信息的准确传递,增进彼此的理解和信任,提高团队的凝聚力和执行力。反之,沟通不畅则易导致误解和冲突,影响团队的协作效率和创业进程。因此,创业团队必须高度重视沟通机制的建立与维护,为创业成功奠定坚实基础。

建立高效沟通机制的首要任务是明确沟通的渠道和方式。创业团队应根据自身规模和特点,设置多元化的沟通渠道,如面对面交流、视频会议、即时通信等,满足不同场景下的沟通需求。同时,还要制定明确的沟通规范和流程,如会议记录、工作报告等,确保信息的系统性和完整性。通过规范沟通渠道和方式,团队成员能够及时、准确地获取所需信息,减少沟通成本,提高工作效率。

创业团队应注重营造开放、平等的沟通氛围。在创业过程中,团队成员往往需要频繁交流想法、碰撞观点,以激发创新思维,优化决策方案。这就要求团队营造一种鼓励自由表达、勇于质疑的文化氛围,让每个成员都能平等地参与讨论,充分表达自己的观点。领导者应以身作则,虚心听取不同声音,尊重团队成员的想法,以开放的心态看待问题。唯有如此,才能真正激发团队的创造力,凝聚起众人的智慧。

创业团队应重视非正式沟通在维系团队关系中的作用。非正式沟通如团建活动、聚餐等,有助于增进团队成员之间的了解和信任,缓解工作压力,提升归属感。在轻松愉悦的氛围中,成员往往能够敞开心扉,交流彼此的想法和感受。这种情感上的交流和沟通,有助于维系团队关系,增强团队的向心力和凝聚力。因此,创业团队应合理组织非正式沟通活动,为成员搭建交流的平台。

高效的沟通机制应具有持续优化和完善的动力。创业环境瞬息万变,团队面临的挑战也在不断变化。因此,沟通机制应随着创业实践的深入而不断优化和升级。团队应定期评估沟通机制的有效性,通过收集成员反馈,分析存在的问题,并积极寻求改进之策。

(二)协作流程与标准化

在创业团队的运作中,构建高效的协作流程和标准化操作至关重要。协作流程是指团队成员之间相互配合、协调一致的工作方式,标准化则意味着建立统一的工作规范和质量标准。二者相辅相成,共同为创业团队的高效运转提供保障。

明确的角色分工和职责界定是协作流程的基石。团队成员各司其职,根据自身专长和能力承担相应的工作任务,避免职责交叉和重复劳动。同时,团队需建立畅通的沟通渠道,如定期会议、项目管理软件等,确保信息在团队内部及时传递和共享。这样,每个人都能及时了解团队的整体进展,协调自己的工作节奏,提高工作效率。

标准化操作是保证工作质量的关键。团队应制定统一的工作流程、文档模板和质量标准,并要求所有成员严格遵循。这不仅能减少错误和返工,提高工作效率,更能确保交付成果的一致性和专业性。标准化还有利于知识的积累和传承,新成员能够快速融入团队并胜任工作。

除了内部协作,创业团队还需要与外部利益相关方保持良好的沟通与合作。这就要求团队建立标准化的对外接口,如客户服务流程、供应商管理制度等。统一的外部沟通方式能够塑造专业的品牌形象,赢得合作伙伴的信任和支持。

四、创业团队的激励与约束机制

(一)激励机制的设计原则

激励机制的设计应遵循公平公正、注重实效、激发内驱力等基本原则。通过科学合理的激励措施,能够最大限度地调动团队成员的积极性和创造性,为创业事业的发展注入澎湃动力。

1. 公平性原则

激励机制的设计应体现"多劳多得、优绩优酬"的基本导向。团队成员的付出和贡献应该得到与之相匹配的物质和精神回报,让每个人都感受到自己的努力没有白费。同时,激励的尺度和标准应该透明化、制度化,以最大限度地保障团队成员的合法权益。唯有秉持公平正义,才能让团队成员安心工作、尽职尽责。

2. 有效性原则

激励机制的设计应紧密结合创业实践,充分考虑团队成员的实际需求。通过建立多元化的激励措施，包括物质奖励、发展机会、决策参与等，有针对性地满足不同成员的诉求，以收到真正的激励效果。同时，多元化的激励措施需要建立在对团队发展阶段、成员特点深入了解的基础之上。

3. 内驱力原则

激励机制的设计应着眼于唤醒团队成员的内在动机，而非简单依赖外部刺激。物质激励固然重要，但更为关键的是激发成员对创业事业的认同感和使命感。让每个人都能找到自身与团队目标的契合点，感受到工作的价值和乐趣，才是最为持久的动力源泉。因此，创业团队要营造良好的工作氛围，加强价值观的塑造与传承，用组织文化的力量凝聚人心、汇聚力量。

（二）约束机制的必要性与实施

约束机制以规则和制度的形式明确界定团队成员的行为边界，规范其在团队中的言行，从而保障创业团队的有序运转和健康发展。

建立科学有效的约束机制，需要根据创业团队的发展阶段、所处行业特点及成员构成等因素，制定切实可行的团队规章制度。这些制度应涵盖工作流程、岗位职责、绩效考核、奖惩措施等方方面面，对团队成员的行为进行全方位的规范和引导。在制度的制定过程中，要充分吸收团队成员的意见和建议，确保制度的合理性和可接受性。同时，制度还应具有一定的灵活性和适应性，能够根据团队发展的需要进行动态调整和优化。

在约束机制的实施过程中，公平公正是必须坚守的原则。无论是团队负责人还是普通成员，都必须严格遵守团队的规章制度，以身作则，起到模范带头作用。对于违反规定的行为，要秉持零容忍的态度，根据情节轻重给予相应的处罚，绝不姑息迁就。只有严明的纪律和公正的执行，才能真正发挥约束机制的作用，维护创业团队的良好秩序。

约束绝非简单的管控和限制，而应是一种积极的引导和塑造。通过制度规范团队成员的行为，激励他们不断进步、提升自我，形成积极向上的团队文化氛围。同时,约束机制的实施还需要与人文关怀相结合,注重人性化管理,尊重团队成员的个体差异和情感需求。在必要的约束之外,还要给予成员充分的理解、信任和支持,增强其归属感和责任心。

(三)激励与约束机制的平衡

在创业团队的发展过程中,激励与约束机制的平衡至关重要。一方面,合理的激励措施能够调动团队成员的积极性,激发其创造力和主动性,为团队的发展注入强大动力。另一方面,必要的约束机制能够规范成员行为,维护团队秩序,确保团队朝着预定目标稳步前进。

创业团队应该建立多元化的激励体系,综合运用物质激励和精神激励的方式,满足成员的不同需求。在物质激励方面,可以通过股权激励、绩效奖金、福利待遇等方式,让成员分享团队发展的成果,增强其归属感和责任感。在精神激励方面,则可以通过赋予成员更多自主权、提供培训和发展机会、营造良好的团队氛围等方式,满足其自我实现的需求,提升工作满意度和忠诚度。同时,激励措施还应该具有针对性和差异化,根据成员的个性特点、工作表现等因素进行有效设计,做到奖惩分明、激励到位。

创业团队需要建立科学、合理的规章制度,明确成员的行为准则和职责边界。这些制度应涵盖团队运作的各个方面,如决策机制、沟通协调、绩效考核等,为团队的有序运转提供制度保障。在制定规章制度时,要充分吸收团队成员的意见和建议,确保其内容的合理性和可操作性。同时,还要建立健全监督和执行机制,及时发现和纠正违规行为,维护制度的权威性和约束力。在必要时,要敢于对违规行为进行严肃处理,树立规矩意识。

激励与约束是相辅相成、互为补充的。过度的激励可能导致团队目标偏离,过于严苛的约束则可能扼杀创新和活力。因此,创业团队要在二者之间找到最佳平衡点,根据团队发展的不同阶段和实际需求,及时调整激励与约束的侧重点。例如,在团队的初创阶段,可以适当侧重激励措施,鼓励成员积极探索、勇于创新;而在团队的成长和成熟阶段,则需要加强约束力度,防止违规行为的发生,确保团队持续、稳健发展。

在平衡激励与约束时,创业团队要注重人文关怀,树立以人为本的理念。激励和约束的最终目的,都是为了激发人的潜力,实现人的全面发展。因此,在设计和执行相关机制时,要充分尊重成员的主体地位,关注其需求和感受,通过沟通交流、谈心谈话等方式,及时化解矛盾,增进理解和信任。

参考文献

[1]沙楠. 大学生职业规划与就业指导[M]. 北京:北京理工大学出版社, 2021.

[2]秦琦. 高校大学生职业规划与就业能力提升[M]. 北京:中国商业出版社, 2023.

[3]张玉波, 楼稚明. 大学生职业规划与就业创业指导[M]. 成都:电子科技大学出版社, 2020.

[4]何志伟, 任祯, 何明旻, 等.(新编)大学生职业规划与学业管理指南[M].4 版. 天津:天津大学出版社, 2021.

[5]鄢万春, 吴玲. 大学生职业规划与人生发展[M]. 成都:西南交通大学出版社, 2019.

[6]张晓蕊, 朱望东, 马晓娣. 大学生就业指导[M]. 北京:北京理工大学出版社, 2022.

[7]毛可斌, 李可依. 大学生就业指导[M]. 天津:天津人民出版社, 2021.

[8]张卫东, 宋伟, 刘国华. 大学生就业指导[M]. 郑州:河南人民出版社, 2020.

[9]马浩然. 大学生职业生涯规划与就业指导研究[M]. 北京:北京工业大学出版社, 2023.

[10]张美华,杨复伟. 大学生就业指导[M]. 重庆:重庆大学出版社, 2020.

[11]胡东亮, 迟昊婷, 师帅. 大学生就业指导与创业教育研究[M]. 北京:研究出版社, 2023.

[12]胡钟华,竺照轩. 大学生就业指导[M]. 3 版. 北京:机械工业出版社, 2020.

[13]高阳,金欣,郑朝文. 大学生职业生涯规划与就业指导[M]. 成都:电子科技大学出版社, 2020.

[14]魏安民,黄银镇,侯锡铭.大学生就业指导[M].成都:电子科技大学出版社,2019.

[15]杜学森.职业发展与就业指导[M].北京:北京理工大学出版社,2019.